工业企业技术改造升级投资指南

指南　解读　案例

中国国际工程咨询有限公司
中国钢铁工业协会
中国轻工业联合会
中国建筑材料联合会
中国医药企业管理协会
中国汽车工业协会
中国机械工业联合会
中国石油和化学工业联合会
中国纺织工业联合会
中国有色金属工业协会
中国船舶工业行业协会
中国电子信息行业联合会

電子工業出版社
Publishing House of Electronics Industry
北京 · BEIJING

内容简介

为指导各地工业创新发展，引导社会投资方向，加强企业技术改造，实现产业优化升级，中国国际工程咨询有限公司联合 11 家行业联合会和协会，共同编制了《工业企业技术改造升级投资指南（2019 年版）》。本指南在整体架构上横向划分为电子信息、机械、汽车、船舶、民用航空航天、钢铁、有色金属、建材、石化与化工、医药、轻工、纺织 12 个行业；在各行业内，对相关产业规划、行动指南、发展目录等提出的主要任务和发展重点进行了梳理，纵向划分为创新平台、基础能力、智能制造和工业互联网、绿色制造、质量提升、服务型制造和技术改造服务体系 6 个部分。

本指南提出了企业技术改造和创新发展的重要方向，希望成为工业企业技术改造升级的有效指引，成为各级政府相关部门、金融机构开展工业投资项目相关工作的重要参考。此外，本书还对指南的解读材料及典型案例进行了汇编，以便能对广大政府部门与企业读者提供实践性参考。

图书在版编目（CIP）数据

工业企业技术改造升级投资指南：指南　解读　案例：2019 年版 / 中国国际工程咨询有限公司等编著. —北京：电子工业出版社，2020.7
ISBN 978-7-121-39169-9

Ⅰ. ①工…　Ⅱ. ①中…　Ⅲ. ①工业企业－技术改造－工业投资－中国－指南　Ⅳ. ①F425-62

中国版本图书馆 CIP 数据核字（2020）第 111069 号

责任编辑：齐　岳　　文字编辑：孙丽明
印　　刷：中国电影出版社印刷厂
装　　订：中国电影出版社印刷厂
出版发行：电子工业出版社
　　　　　北京市海淀区万寿路 173 信箱　邮编　100036
开　　本：787×1 092　1/16　印张：15　字数：264 千字
版　　次：2020 年 7 月第 1 版
印　　次：2020 年 7 月第 1 次印刷
定　　价：128.00 元

凡所购买电子工业出版社图书有缺损问题，请向购买书店调换。若书店售缺，请与本社发行部联系，联系及邮购电话：（010）88254888，88258888。

质量投诉请发邮件至 zlts@phei.com.cn，盗版侵权举报请发邮件至 dbqq@phei.com.cn。

本书咨询联系方式：（010）88254461，sunlm@phei.com.cn。

指导单位

工业和信息化部

编制单位

中国国际工程咨询有限公司

中国机械工业联合会

中国钢铁工业协会

中国石油和化学工业联合会

中国轻工业联合会

中国纺织工业联合会

中国建筑材料联合会

中国有色金属工业协会

中国医药企业管理协会

中国船舶工业行业协会

中国汽车工业协会

中国电子信息行业联合会

序

习近平总书记在党的十九大报告中指出："建设现代化经济体系，必须把发展经济的着力点放在实体经济上，把提高供给体系质量作为主攻方向，显著增强我国经济质量优势。"发展实体经济，重点在制造业，难点也在制造业。总书记多次强调，要推进新型工业化、信息化、城镇化、农业现代化同步发展，着力推动传统产业向中高端迈进。李克强总理在2019年政府工作报告中明确要求，支持企业加快技术改造和设备更新，将固定资产加速折旧优惠政策扩大至全部制造业领域。

2015年，根据时任国务院副总理马凯同志的要求，按照"政府后退一步，中介协会向前一步"的原则，我公司联合11个国家级行业联合会及协会，充分听取和发挥各行业、各领域专家智慧，历经一年时间共同编制完成了《工业企业技术改造升级投资指南（2016年版）》。2016年11月25日向社会正式发布，2017年4月正式出版发行。近三年来，该指南为各行业企业开展技术改造指明了具体方向，也为地方政府、金融机构促进企业技术改造提供了重要参考。

据统计，2019年全年工业固定资产投资同比增长4.3%，工业技术改造投资增长9.8%，比工业投资增速快5.5个百分点，占工业投资的比重达到47.1%，技术改造投资保持较快增长，有力促进了创新成果在传统产业的推广应用。为进一步指导各地工业创新发展，不断推动经济发展质量变革、效率变革、动力变革，着力推动工业经济结构调整和转型升级，使工业经济发展由数量规模扩张向质量效益提升转变，我国由制造大国向制造强国迈进，在工业和信息化部的指导下，我公司联合11家行业联合会协会共同编制了《工业企业技术改造升级投资指南（2019年版）》（以下简称《投资指南》），2019年8月30日向社会正式发布。

工业企业有序运行是保持经济社会平稳发展的重要抓手，本次新型冠状病毒疫情爆发以来，党中央、国务院带领全国各族人民采取非常规手段，打响了疫情防控的人民战、总体战、阻击战，疫情得到有效遏制后，又及时调整策略，统筹疫情防控和经济社会发展，分区分级分类分时有序恢复经济社会发展秩序。同时，国际疫情的蔓延也给我国工业企业发展秩序带来了很大的不确定性。在此次疫情得到有效遏制后，更应该提高工业企业生产效率，以本《投资指南》为蓝本，聚焦重点领域，突破核心关键技术，抓动能强化，扎实有序推动工业企业产业全面复工复产，把疫情对我国经济发展造成的损失降到最低限度，在人民群众安全的前提下，努力保持我国工业经济运行在合理区间。

下一步，我们应该把智能制造作为工业和信息化深度融合的主攻方向，发展智能装备和产品，推进生产过程智能化，培育新型生产方式，开展互联网、物联网技术在制造领域的应用，实施工业互联网创新发展战略，着力打造网络、平台、安全三大体系，把握住新一轮工业革命和产业变革这一重点发展领域，全面提升企业研发、生产、管理和服务的智能化水平，提高精准制造和敏捷制造能力，实现技术进步、提高生产效率、促进安全生产。

此次《投资指南》由我公司联合 11 家行业联合会和协会编制发布，集中了各行业、各领域资深专家的智慧，重点突出，内容具体，贴近行业，具备参考性与可操作性。《投资指南》的编制发布将对促进企业技术改造，引导有效投资，推动落实制造强国指明具体方向，也为地方政府、金融机构促进企业技术改造提供重要参考。各工业企业可在此基础上，自主选择投资方向和重点，充分体现企业为主体、市场为导向的原则，将有利于形成有效投资。

接下来，我们还会进一步做好《投资指南》的解读、宣传和实施工作，加强跟踪调研，助力本行业本领域技术改造的实际进步，并保持密切关注，及时滚动修订《投资指南》。

中国国际工程咨询有限公司

2020 年 6 月

《工业企业技术改造升级投资指南（2019 年版）》发布词

各位嘉宾、新闻界的朋友们：

大家上午好！

很高兴与各位新老朋友相聚在这里，召开《工业企业技术改造升级投资指南（2019 年版）》（以下简称《投资指南》）的发布会。在此，我谨代表中国国际工程咨询有限公司，以及参与编制的 11 个行业联合会和协会，向大家简要介绍《投资指南》的编制背景、主要内容和意义作用。

一、积极响应各界关切，修订完善《投资指南》

工业是强国之本。改革开放 40 年来，我国工业取得举世瞩目的成就。特别是党的十八大以来，以习近平同志为核心的党中央深入推进供给侧结构性改革，推动工业经济发展由数量规模扩张向质量效益提升转变。为更好地服务于制造业结构调整和产业升级，我们于 2016 年编制了《工业企业技术改造升级投资指南（2016 年版）》，对引导社会投资方向，支撑企业焕发生机活力起到了积极作用。

根据社会各界反馈，按照 3 年修订一次的计划，在有关单位支持下，2019 年年初，我们再次组织了大量专业人员、专家学者，启动了《投资指南》的修订工作。在充分调动各方资源，广泛听取各界意见的基础上，数易其稿，最终形成了现在的发布版本。

二、重新设计整体架构，调整优化条目指标

为便于各级政府、金融机构、企业及相关单位阅读和使用，我们对《投资指南》的整体架构和条目指标进行了重新设计和调整优化。其中，“投资指南”部分按照行业分为 12 章，提出了技术改造升级的方向；“解读材料”部分对“投资指南”部分的编制依据、作用和意义、重点和亮点等内容进行了说明；“典型案例汇编”部分对 11 个省市、10 个企业的技术改造工作情况进行了介绍。

首先是重新设计架构。2019 年版《投资指南》按照行业横向划分为电子信息、机械、汽车、船舶、民用航空航天、钢铁、有色金属、建材、石化与化工、医药、轻工、纺织 12 章。在各章中，纵向划分为创新平台、基础能力、智能制造和工业互联网、绿色制造、质量提升、服务型制造和技术改造服务体系 6 部分。

其次是突出六大方向。**突出创新平台**，重点是明确产业创新中心的地位和作用，进一步使其成为制造业创新的核心载体及公共服务平台；**突出基础能力**，重点是聚焦“四基”，进一步推进产需结合、协同创新、重点突破；**突出智能制造和工业互联网**，重点是推进两化深度融合，加快工业互联网创新应用，着力发展智能装备和产品；**突出绿色制造**，重点是构建高效、清洁、低碳、安全的绿色制造体系；**突出质量提升**，重点是推动我国产业价值链从低端向中高端延伸，进一步引导企业持续提高产品质量水平、质量层次和品牌影响力；**突出服务型制造和技术改造服务体系**，重点是促进生产型制造向服务型制造转变，大力发展与制造业紧密相关的生产性服务业，引导制造业企业延伸服务链条。

最后是调整条目指标。结合全球产业发展情况和趋势预测分析，以及我国各行业发展历程和基础条件，我们分别对 12 个重点行业未来 3 ~ 5 年有能力实现关键技术突破和产品产业化的领域进行了详细梳理和逐条论证，相应优化调整了各专业条目和技术指标，提出了重点技术改造的方向建议。

三、立足国家战略需要，深化指南指引作用

当前，新一轮科技革命和产业变革正在孕育兴起，电子信息、生物医药、新能源、新材料相互渗透，智能制造、分享经济、数字经济等新业态不断涌现，为制造业结构调整和产业升级提供了千载难逢的机遇。这既给我们提出了供给侧结

构性改革的路径和方案，也同时创造出巨大的需求。为进一步指引我国工业尤其是制造业向创新、智能、绿色方向转型升级，服务我国由工业大国向工业强国转变，我们撰写了新版《投资指南》。

《投资指南》以习近平新时代中国特色社会主义思想为指导，立足国家战略需要，全面贯彻新发展理念，以供给侧结构性改革为主线，本着“政策符合、发展持续、重点突破、市场主导”的原则，对各行业的投资重点和技术改造方向进行了细化深化，提出了企业技术改造升级的发展方向建议。《投资指南》具有较强的战略性、先进性和指导性作用，是工业投资项目相关工作的重要参考。

此次，《投资指南》仍由中国国际工程咨询有限公司联合 11 家行业联合会和协会共同编制，充分发挥了中国国际工程咨询有限公司等第三方机构的专业优势，有利于各级政府部门科学决策，优化完善产业政策，推进产业结构优化和增长方式改变；有利于企业有的放矢实施技术改造升级，进一步提高投资质量，追求卓越勇立潮头；有利于金融机构及社会资本把握投资方向，促进产融良性合作，实现产业与金融的良好结合。

2019 年 8 月 30 日

关于发布《工业企业技术改造升级投资指南（2019年版）》的通告

咨高技〔2019〕1180号

为引导社会投资方向，指导企业技术改造，加快实现产业优化升级，中国国际工程咨询有限公司联合中国机械工业联合会、中国钢铁工业协会、中国石油和化学工业联合会、中国轻工业联合会、中国纺织工业联合会、中国建筑材料联合会、中国有色金属工业协会、中国医药企业管理协会、中国船舶工业行业协会、中国汽车工业协会和中国电子信息行业联合会共同编制了《工业企业技术改造升级投资指南（2019年版）》，现予发布。

特此通告。

中国国际工程咨询有限公司　　中国机械工业联合会
中国钢铁工业协会　　中国石油和化学工业联合会
中国轻工业联合会　　中国纺织工业联合会
中国建筑材料联合会　　中国有色金属工业协会
中国医药企业管理协会　　中国船舶工业行业协会
中国汽车工业协会　　中国电子信息行业联合会

2019年8月19日

前　言

工业是国民经济的主体，是立国之本、兴国之器、强国之基。打造具有国际竞争力的工业，尤其是制造业，是我国提升综合国力、保障国家安全的必由之路。技术改造是企业采用新技术、新工艺、新设备、新材料对现有设施、工艺条件及生产服务进行改造提升，是淘汰落后产能、实现内涵式发展的投资活动，是实现技术进步、提高生产效率、推进节能减排、促进安全生产的重要途径。大力发展先进制造业，加快传统产业转型升级，是未来10年我国工业发展的中心任务。

为指导各地工业创新发展，引导社会投资方向，加强企业技术改造，实现产业优化升级，在工业和信息化部的指导下，中国国际工程咨询有限公司联合中国机械工业联合会、中国钢铁工业协会、中国石油和化学工业联合会、中国轻工业联合会、中国纺织工业联合会、中国建筑材料联合会、中国有色金属工业协会、中国医药企业管理协会、中国船舶工业行业协会、中国汽车工业协会和中国电子信息行业联合会共同编制了《工业企业技术改造升级投资指南（2019年版）》（以下简称《投资指南》）。

《投资指南》在整体架构上横向划分为电子信息、机械、汽车、船舶、民用航空航天、钢铁、有色金属、建材、石化与化工、医药、轻工、纺织12个行业；在各行业内，对相关产业规划、行动指南、发展目录等提出的主要任务和发展重点进行了梳理，纵向划分为创新平台、基础能力、智能制造和工业互联网、绿色制造、质量提升、服务型制造和技术改造服务体系6个部分。

希望《投资指南》能够为工业企业开展技术改造升级提供有益指导，为各级政府相关部门、金融机构开展工业投资相关工作提供重要参考。

目　录

工业企业技术改造升级投资指南（2019 年版）

工业企业技术改造升级投资指南（2019 年版）解读材料汇编

工业企业技术改造升级典型案例汇编

第一部分　地方工业和信息化主管部门篇

工业企业技术改造升级投资指南

（2019 年版）

第一章 电子信息行业

一、创新平台

建设集成电路、新型显示、高性能计算、基础软件、移动通信、下一代网络、云计算、物联网、大数据、高速光通信、印刷电子、新型元器件和关键电子材料、新型光通信元器件、互联网电视接收设备、开源硬件、共享 IP 等研发创新平台和公共服务平台，完善 CPU+OS 架构的高仿真验证测试环境，完善产业链集群创新平台。

二、基础能力

（一）核心基础零部件（元器件）

1. 高性能芯片。高性能光芯片、CPU 芯片（含嵌入式）、存储器芯片、FPGA 芯片、动态重构芯片、高集成度 SOC 芯片、毫米波雷达/激光雷达/摄像头等核心传感器芯片、高速 AD/DA 等。

2. 新型显示器件。基于更高分辨率的非晶硅 TFT-LCD 显示器件、低温多晶硅 TFT-LCD/AMOLED 显示器件、金属氧化物 TFT-LCD/AMOLED 显示器件；基于硅基、柔性或印刷工艺的 AMOLED 等新型显示器件。基于 Micro-LED、量子点、激光、碳基或全息等新技术的新型显示器件。

3. 元器件。量子通信、量子计算专用器件。超小型大容量片式多层陶瓷电容器（MLCC）、车规级 MLCC、微波射频 MLCC、片式叠层固态铝电解电容器、片式单层陶瓷电容器（SLC）、硅电容器、MLCC 生产设备、超小型功率电感器、一体成形电感器（模压电感）、声表面波滤波器（SAW）、体声波滤波器（BAW）、薄膜腔声谐振滤波器（FBAR）、小型片式压电石英晶体器频率元器件（谐振器、振荡器、滤波器）、高基频石英晶体频率片、CMOS 及 SAW 模块用陶瓷封装基座、

99.6%的氮化铝陶瓷基板、超小型片式厚膜电阻器、片式薄膜电阻器、合金电流检测电阻、片式合金箔电阻器、片式热敏电阻器、片式压敏电阻器、片式电位器、导电塑料电位器、集成无源器件等。功率场效应晶体管（MOSFET）、快恢复二极管（FRD）、绝缘栅双极型晶体管（IGBT）、集成门级换流晶闸管（IGCT）、肖特基二极管等新型电力电子器件。大功率模块、智能功率模块（IPM）和用户专用功率模块（ASPM）等。硅基光电子器件、碳化硅、氮化镓、砷化镓等宽禁带电力电子、射频器件。高阶积层板、IC 基板、埋置元件板等高密度互连（HDI）板、特种印制板（高频板、金属基板和厚铜箔板）、高性能覆铜板。微型化、集成化、智能化、网络化传感器，具有无线通信、传感、数据处理功能的无线传感器网络节点。直流无刷电机、智能化微特电机，以及为机器人配套的减速器、伺服电机等。高可靠、高精度、高动态环境下的运动控制器，具备大范围三维空间建模、实时位姿检测、运动避障及动态路径规划等移动机器人“大脑”功能。3D 成像用低角度偏移窄带滤光片组立件。高抗拉强度海洋光纤及其中继器、多芯少模光纤及其连接器、超宽带光放大掺杂光纤及放大器、超高芯密度微簇光纤单元及微缆、全干式室外光缆、5G 通信用 MPO 多芯光纤连接器套件。高效热管理与散热元器件、超广角透镜及其模组，G.fast DSL 分离器和电感器，100A 以上车载大功率电感和变压器。为新能源产业配套的新型储能电池、超级电容器、为新能源汽车配套的高压直流继电器、PhotoMOS 继电器、CMOS 继电器、特种功率电阻器及电力电子用关键电子元器件。超级电容器及与电池混合应用，超级电容器生产设备。高能量密度、长循环寿命、高安全性的消费型、动力型和储能型锂离子电池，大容量锂离子电池系统集成和产业化，大容量电池组管理系统。新型、高性能、高安全性的正负极材料、隔膜材料、电解质、溶剂、添加剂、铝塑膜材料。燃料电池材料、小型实用燃料电池、小型燃料电池系统应用。

（二）基础工艺

65nm 及以下集成电路逻辑工艺、集成电路特色工艺、HK 金属栅工艺、鳍式场效应晶体管工艺、CPU 专用工艺、存储器超精密工艺；LTPS、Oxide 背板量产工艺，AMOLED 蒸镀和封装等工艺，柔性或印刷显示相关工艺。大直径玻璃钝化芯片（GPP）产品产业化，刚挠结合印制线路板制造工艺，挠性覆铜板制造工艺，集成电路用覆铜板制造工艺。

（三）基础材料

8～12 英寸单晶硅、硅抛光及外延片，SOI 片、SiGe/Si 外延片，电力电子器件和射频器件用 6～8 英寸区熔硅单晶材料；太阳电池用超薄锗片；大尺寸砷化镓、磷化铟、碳化硅等单晶材料及外延片；基于红外窗口应用的大尺寸蓝宝石晶体；半导体用高纯石墨、高纯石英原料及石英部件、玻璃纤维布、雷达透波材料等。集成电路用 KrF、ArF 光刻胶及专用树脂材料，集成电路用抛光材料（抛光液、抛光垫、抛光布、CMP 后清洗液），集成电路用超净高纯试剂、铜制程抛光液、显影液、剥离液、刻蚀液、清洗液及电子特气等，超高纯钴、钨、钼靶材，宽幅高精度大功率引线框架，先进封装的高端环保塑封料和高性能环氧树脂、硅胶、先进封装凸块用负性光刻胶、高纯高强度键合丝、半导体贴片胶等。厚膜电路、片式电阻用电阻浆料，厚膜电路封装用导电胶。

新型显示用基板/盖板材料（8.5 代及以上或低温多晶硅/金属氧化物玻璃基板或载板、聚酰亚胺基板或盖板、高铝硅玻璃盖板等）；新型显示用高穿透率、快速响应的负性或光配向液晶材料、聚酰亚胺取向剂，以及高效率 OLED 有机发光材料和高迁移率共用层材料；新型显示用正性/负性光刻胶，以及感光树脂/RGB/BM/OC/PS 等上游材料；新型显示用电致发光或光致发光量子点材料；光学及功能膜材料（偏光片及上游 PVA/TAC 等材料、光学聚酯透明基膜、量子点膜、复合光学膜、水氧阻隔膜等）；显示驱动芯片（大尺寸、4K/8K、120Hz 及以上显示驱动芯片、中小尺寸 2K 驱动芯片，以及时序控制芯片、系统芯片、带有外部补偿功能的 AMOLED 驱动芯片等）；新型显示用高纯电子化学品和特种气体（水系剥离液、铜蚀刻液、笑气、高纯氯气等）；新型显示用高纯/大尺寸靶材（8.5 代及以上大尺寸金属或 ITO/金属氧化物靶材、旋转/平面靶材等）；新型显示用高精度掩膜版（8.5 代及以上光掩膜版、精密金属掩膜版等）；柔性 AMOLED 显示用 OCA、后盖框胶、转轴等其他材料。

高频、高速、高密度覆铜板及高性能挠性覆铜板、透明 PI 覆盖膜、低粗糙度电子铜箔材料，氰酸酯树脂、聚苯醚树脂、碳氢树脂、特种树脂，高密度互连

（HDI）板及所需基板材料。微电子芯片封装用陶瓷劈刀；应用于5G封装高稳定性介质膜材料、聚酰亚胺薄膜材料；5G 移动通信板用孔导通化添加剂；大功率照明用高导热球形氧化铝粉、大规模集成电路基板用亚微米球形硅微粉；高性能滤波器用铝钪靶材及晶体材料，片式电阻功能浆料与关键基础材料；高端电子焊料；高端电子浆料；高性能磁性材料；微波介质陶瓷材料；太阳能浆料用银粉。5G通信用MPO多芯光纤连接器套件，工业级激光器用激光光纤产业化；掺稀土特种光纤、保偏光纤、光子晶体光纤、多芯少模光纤、石墨烯光纤、高折射率玻璃、光纤预制棒用高纯石英衬管、高导热材料、特种光纤用（超）低折射率涂料、光纤涂覆树脂等。激光电视荧光粉。

（四）关键核心软件

1. 基础软件。操作系统、数据库、中间件、软件集成开发工具、软件测试工具、浏览器内核、办公软件等；服务器操作系统、桌面操作系统、工控操作系统、智能移动终端操作系统、机器人操作系统等；通用数据库管理系统、分析性数据库管理系统、实时数据库管理系统、内存数据库管理系统等；应用服务器、消息中间件、交易中间件等；高效虚拟化软件、智能海量数据存储与管理系统、分布式应用支撑平台等，网络化办公套件、新一代搜索引擎及浏览器等。

2. 高端工业软件。三维设计/仿真一体化软件、电子自动设计软件、PLM软件、SCADA软件、高端ERP软件、DNC、MRO和特定行业专用设计软件等。

3. 行业软件。金融行业核心业务软件、建筑行业模型软件、能源行业综合管理软件等。

4. 新技术软件。工业App集成开发平台、人工智能开发框架、大数据分析软件、区块链应用管理软件、云计算基础平台软件、城市信息模型平台、信息物理系统（CPS）等。

（五）产业技术基础公共服务平台

1. 重点行业领域关键共性基础工艺平台。建立管理应用平台，研究全产业链间不同产品和系统的互通互用；建立电子材料应用认证平台，材料技术标准研究和制定平台，电子材料知识产权专利池平台等。

2. 重点产业领域“四基”公共服务平台。建立传感器产业国家级公共服务平台，向企业提供典型业务应用技术示范及产品第三方检测服务，完善包括多晶硅、电池片和组件、薄膜电池的检测及光伏应用系统的检测、认证等公共服务平台建设，支持相关服务平台开展行业共性问题研究，制定和推广行业标准，以及光伏系统工程的验收等。

三、智能制造和工业互联网

（一）行业云计算平台

鼓励大企业开放平台资源，打造协作共赢的云计算服务生态环境。引导专有云有序发展，在充分利用公共云计算服务资源的基础上，整合信息资源，优化业务流程，提升经营管理水平。大力发展面向云计算的信息系统规划咨询、方案设计、系统集成和测试评估等服务。

（二）行业大数据应用

大力推进大数据与行业发展的融合应用。发展工业大数据，分析感知用户需求，提升产品附加价值。发展农业农村大数据，构建面向农业农村的综合信息服务体系，加强数据资源发掘运用。发展新兴产业大数据，大力培育数字金融、数据服务等新业态。发展公共安全大数据，构建智能公共安全管理体系。

（三）物联网应用示范

在工业、农业、生态环保、商贸流通、交通能源、公共安全、社会事业、城市管理、居家生活、医疗养老、安全生产、国防建设等领域实现物联网试点示范应用。对工业、农业、商贸流通、节能环保、安全生产等重要领域和交通、能源、水利等重要基础设施，围绕生产制造、商贸流通、物流配送和经营管理流程，推动物联网技术的集成应用和典型应用示范工程。

（四）电子商务平台及服务

鼓励行业、企业、区域级电子商务信息服务平台，拓展交易、融资、保险、支付、信用、全程监控、技术支持等服务功能，探索建设服务于跨境电商的一站式物流服务平台。鼓励电子商务企业、大型连锁企业和物流企业，建立具备运营服务中心和仓储配送中心（商品集散中心）功能的县域农村电子商务服务中心，发展与电子交易、网上购物、在线支付协同发展的农村物流配送服务。支持电商冷链物流企业运用现代技术优化流程。支持电商冷链物流配送中心和配送站点建设，鼓励电子商务平台企业创新经营方式和商业模式，开展电商物流机器人、云计算、北斗导航等基础技术的研发；推动电子合同、电子结算、物流跟踪、信息安全、客户服务等技术应用。推动电商物流企业管理创新、服务创新和商业模式创新。

（五）智能化管理与服务

运用大数据和信息化等手段，深化各系统融合，推进跨部门数据交换应用，提高管理效率，进一步促进服务便利化、管理智能化。

（六）工业互联网新业态新模式

协同推动工厂内部网络演进和公众网络增强。推动工业互联网标准化与新模式应用、工业以太网及 IPv6 技术在工厂网络中的应用，引导 5G、短距离通信等无线移动技术在工厂中的部署，探索面向工业环境的有线无线融合组网，以及工业制造领域 SDN 技术。通过试点示范推进企业进行工业大数据应用创新，推动 ICT 和制造业深度融合，形成联合攻关力量，开展工业互联网平台的技术和产业化攻关，提升产业支撑能力。

（七）工业互联网网络化改造

推动企业内网改造的实施，鼓励采用 5G、TSN、工业以太网、边缘计算、工业 PON、工业无线、IPv6 等技术改造企业内网，为工业互联网的 IT 及 OT 网络融合提供网络基础。研究工业互联网网络架构体系，加快制定面向工业互联网平台的协同制造技术标准，以及产业链上下游间的服务规范。采用新型的制造模式，建立支撑研发设计、协同制造、高度自动化、智能检测、智慧物流、供应链协同、高效节能等要素在内的网络基础设施。面向电子信息行业建立工业互联网标识解析二级节点，开展全生命周期管理、产品追溯等工业互联网标识解析集成应用。

（八）工业互联网平台建设

推动建立电子信息行业工业互联网平台，打通行业全要素、全产业链和全价值链的全面连接，支持企业业务系统和工业设备上云，建立电子信息行业工业机理模型库，开发一批高价值工业 App、微服务及基于平台的系统解决方案，并在产品设计与仿真、生产过程建模与控制、设备故障诊断与远程运维等关键场景应用，引导建立基于工业互联网平台的产品及生产线数字孪生系统。支持数字化管理、网络化协同、服务化延伸、智能化生产及产融结合等新模式发展。

（九）工业互联网安全技术保障体系

建立统一的、贯穿产业全生命周期的工业互联网安全保障体系，建立国家级工业控制网络信息安全防护平台，鼓励重点工业企业使用安全可靠的产品和技术，支持有条件的企业开展面向芯片、操作系统、整机、业务应用的全链条研制，实现安全可靠的工业控制系统。

加速国家、省、企业三级安全监测平台建设，鼓励企业加强行业、企业级平台建设，强化与国家平台的系统对接、数据共享及业务协作，打造整体态势感知、信息共享和应急协同能力。推动研制工业互联网安全应急处置、安全事件现场取证等工具集，推动建立工业互联网安全基础资源库和安全攻防演练环境。

四、绿色制造

（一）绿色制造

推动绿色制造公共服务平台、绿色工厂的建设。推进新一代高效节能的数字广播、电视发射设备产业化，在地面数字电视发射机、调频立体声广播发射机、直放站等大功率发射设备中应用高效节能技术。推动太阳能光伏在工业园区应用，提高工业园区可再生能源应用比例。解决 LED 灯具二次光学设计、灯具散热、灯具效率提高等重要技术问题，推动 LED 产品推广应用。新型节能工业窑炉研制及推广应用。开发和推广无卤素阻燃技术应用，发展无卤素阻燃剂产品，应用光阻剂和防反射涂层等领域的 PFOS 替代品、微蚀刻废液再生回用技术。开发应用废退锡水回收技术、冷水机组余热回收技术、低含铜废液及蚀刻液减排技术、固体废弃物综合利用技术、PCB 行业用水减量技术。推动废弃电器电子产品整机拆解与循环利用及部分元器件再制造。

（二）安全生产

特气泄露监控报警系统；有害化学品生产区通风、事故排风系统；易燃易爆品防泄漏探头级防爆系统；风机、净化回风等噪声源的消噪声系统；纯水回收水处理系统；废水和废渣回收、运输安全监控系统；废气过滤、吸附、焚烧排放系统。

五、质量提升

（一）通信设备制造

1. 移动通信设备。LTE 及 LTE-Advanced 相关技术研发和产业化，LTE 多模、多频终端芯片及高效能、低成本 LTE 终端，IPv6/v4 双栈 LTE 网络设备和系统，LTE-Advanced 基带芯片、射频芯片、终端、系统、一致性测试仪表、天线，移动智能终端、移动互联网安全设备的研发与产业化。

2. 光通信设备。智能光网，全光网，大容量、高速率、长距离光传输，多粒度、大容量光交换，大容量组网调度，FTTx 等技术研发和产业化；光多片集成组件、光电集成芯片、高速数模芯片等高端芯片和高速相干光接收、超大功率低噪声光放大、波长选择性光交换等高端模块的开发及产业化；增强光通信芯片、产品和设备的设计、测试能力和产品工程能力。

3. 专网通信设备。宽带无线接入、多媒体数字集群及数字对讲设备，广域覆盖低成本宽带接入，超高速无线局域网，面向专网应用的数学集群和数字对讲设备产业化，打造专用芯片、基站和终端的模化量产能力。

（二）计算机

1. 整机设备。服务器、桌面计算机、存储、输入/输出设备，提高产品稳定性、可靠性。工业控制计算机、PLC、DCS、数控系统、机器人控制器等。彩色高速激光打印机、固态存储盘、高速数据采集卡等产品。

2. 网络设备。未来网络、物联网、光通信网络等关键技术和关键设备，新一代低功耗、高可靠、高性能、多核网络设备、负载均衡设备。面向未来网络的高性能路由器、大容量汇聚交换设备、智能网关等网络关键设备。围绕物联网应用的感知信息采集、传输、处理、反馈控制系统研发。虚拟化安全、网络安全防护、可信计算、数据安全等信息安全产品。

（三）软件

1. 基础软件。操作系统、数据库管理系统、中间件、面向云计算环境的基础软件，网络化办公套件、新一代搜索引擎及浏览器等基础软件。

2. 嵌入式软件。面向工控设备、智能移动终端、汽车电子、车载信息系统、医疗电子等，发展嵌入式操作系统、嵌入式数据库，以及开发与仿真软件平台，发展工业云、汽车云等云操作系统。鼓励发展嵌入式操作系统内核、架构等关键技术，形成通用型嵌入式操作系统产品、应用开发工具及验证环境平台。

3. 支撑软件及设计软件。需求分析工具、软件设计工具、集成开发环境、软件编译工具、软件测试工具、软件开发管理工具。三维数字化设计仿真验证平台。

4. 应用软件。企业管理软件、信息检索和翻译软件、多媒体软件、网络通信软件、动漫引擎软件、地理信息系统软件、科学和工程计算软件等共性应用软件。政务、金融、通信、交通运输、能源、医疗、公共安全、教育、数字出版等行业应用软件。工控设备、智能移动终端、汽车电子、车载信息系统、医疗电子等嵌入式应用系统。面向制造业及产业集群的管控一体化系统、供应链管理系统、可视化柔性物流管理系统、工业现场控制系统。面向云计算、大数据、物联网、移动互联网、人工智能等新型模式的各类应用软件。

5. 信息安全软件。安全基础类、网络与边界安全类、终端与数字内容安全类、安全管理类、信息安全支撑工具，以及安全服务类产品。信息安全系统设计、咨询、评估、检测、认证等信息安全服务。面向云计算、物联网、移动互联网、工业互联网等环境下的关键信息安全技术产品。建设云计算安全体系，提升安全漏洞防护能力和安全服务能力，研发云计算安全隔离与监控技术和产品，建立云计算信息安全监控和预警平台、建立云计算产品和服务的信息安全风险评估平台。

6. 信息技术服务支撑软件。信息系统运维管理软件、IT 资源监控软件、IT 服务流程管理软件、服务自动化软件、服务审计软件、服务质量评价软件、知识管理软件、信息系统集成相关接口、适配及优化工具软件等。

（四）数字视听产品

1. 数字音视频设备。发展智能化、超高清（如 LCD/OLED 电视、量子点电视、激光电视、Micro-LED 电视、裸眼 3D 电视）等新兴产品形态，实现基于地面、卫星、有线、网络等传输方式与数字电视终端的融合发展。支持超高清投影、激光投影、超短焦投影、便携式微型投影研发与应用推广。支持高保真和三维音响器件与系统、高保真音源产品、新一代无线耳机及智能音箱等产品研发。支持专业数字音响、灯光及一体化控制系统的研发及应用推广。支持数字电影拍摄、编辑、后期制作、放映设备及配套系统，超高清、特效、3D 数字电影等拍摄和放映设备的研发与应用推广。

2. 数字化音视频应用推广。依托 DTMB、AVS+/AVS2 等技术标准，应用推广数字电视和数字广播制作设备、演播室设备、播出设备、发射机等前端设备。促进数字家庭技术创新与产业应用，提高新型信息终端、智能感知与交互、云平台应用、沉浸式虚拟现实和增强现实、智能网络视频监控设备等研发、生产和应用，建设符合互联网管控要求的应用程序商店和数字内容服务平台，实现支持多屏融合、互联互通、智能控制的数字教育、智能家居、数字娱乐等业务系统应用。支持彩电制造业创新与智能制造平台，提升技术标准、测试验证、专利和知识产权、技术交流与成果推广应用的公共服务水平。

（五）集成电路

1. 量产工艺技术。支持 12 英寸集成电路生产线设备，刻蚀机、光刻机、薄膜设备、掺杂设备、互联设备、平坦化设备、清洗设备、工艺检测设备；大尺寸硅单晶生长设备，截断、滚圆、研磨、倒角、抛光等晶圆材料加工设备；6 ~ 8 英寸碳化硅单晶炉设备；先进封装圆片减薄设备、三维系统封装通孔设备、高密度倒装键合设备、新型圆片级封装用设备等的研发。支持硅片清洗、扩散、离子注入、材料沉积设备、自动封装系统、高洁净柔性搬送机器人、扫描电子显微镜、自动探针测试台等设备和仪器的开发与产业化。

2. 集成电路材料配套。支持集成电路先进技术节点用靶材的开发，集成电路用 I-线、KrF、ArF 光刻胶及专用材料，集成电路 CMP 用抛光材料，集成电路用超净高纯试剂（铜制程抛光液、显影液、剥离液、干法刻蚀清洗液）、高纯电子特气和高纯 ALD、CVD 等配套材料研发和产业化应用。

（六）新型显示

1. 大规模量产工艺技术。提升低温多晶硅和金属氧化物背板量产化生产技术，全面掌握 AMOLED 蒸镀和封装等关键工艺技术，实现 AMOLED 刚性和柔性面板量产。

2. 新型显示配套技术和产品。突破基板/盖板材料、高穿透率、快速响应的负性或光配向液晶材料、聚酰亚胺取向剂及高效率 OLED 有机发光材料和高迁移率共用层材料、正性/负性光刻胶及感光树脂/RGB/BM/OC/PS 等上游材料、电致发光或光致发光量子点材料、光学及功能膜材料、显示驱动芯片、高纯电子化学品和特种气体、高纯/大尺寸靶材、高精度掩膜版、柔性 AMOLED 显示用 OCA、后盖框胶、转轴等其他材料的技术壁垒并实现量产；开展探针单元、刀轮、蒸发源、电极板等显示装备用消耗性备品备件的本地化配套；进一步拓展切割设备、工艺检查设备、柔性贴合设备、维护修复设备及模组绑定智能化系统、智能搬运设备等本地化配套进程；开展曝光、显影、离子注入、化学气相淀积、溅射、激光退火或剥离、张网、基板玻璃生产用窑炉等关键设备的联合研发和工艺探索。

（七）电子元器件

1. 微小型表面贴装元器件。超小型大容量片式多层陶瓷电容器（MLCC）、片式叠层固态铝电解电容器、超小型功率电感器、一体成形电感器（模压电感）、小型片式压电石英晶体器频率元器件（谐振器、振荡器、滤波器）、高基频石英晶体频率片、超小型片式厚膜电阻器、片式热敏电阻器、片式压敏电阻器、片式电位器、集成无源器件等研发和产业化。

2. 新型光电器件。大功率、高亮度 LED 外延片和芯片制造，SMD、COB 等先进封装形式的研发与产业化；大功率半导体激光器、高功率气体激光器、光纤激光器、紫外激光器，推进高性能的红外焦平面器件、高分辨率 InGaAs 探测器产业化；基于 400G（干线网）的超低损耗光纤、光纤预制棒及其石英套管等相关光电元器件，硅基光电子器件、3D 成像用低角度偏移窄带滤光片组立件、大功率紫外 LED 芯片及 COB 的先进封装技术开发与产业化应用。新型海洋光纤、自聚焦透镜模组、高速高精度光纤光栅传感解调仪产业化。

3. 电力电子器件。功率场效应晶体管（MOSFET）、快恢复二极管（FRD）、集成门级换流晶闸管（IGCT）、肖特基二极管等新型电力电子器件。大功率模块、智能功率模块（IPM）和用户专用功率模块（ASPM）等功率模块。新型电力电子器件在工业控制、轨道交通、电动汽车、变频器等领域的推广应用。解决高阻区熔单晶、陶瓷覆铜板、铝碳化硅基板、管壳等的生产关键技术应用。碳化硅、氮化镓等下一代宽禁带电力电子器件研发和产业化。

4. 传感器及敏感元器件。满足物联网、汽车电子等应用需求的各种敏感元件和传感器，微型化、集成化、智能化、网络化传感器，具有无线通信、传感、数据处理功能的无线传感器网络节点，推进传感器由多片集成向单片集成方向发展，减小产品体积、降低功耗、扩大生产规模。面向无源、长距离监测的光纤传感器系统应用，推进温度/应力/应变/加速度等多参量监测的光纤传感器、高速光纤传感解调仪生产。

5. 其他新型器件。基于 5G 通信系统的微波射频器件等高频器件。高导电直流电刷、5G 通信基站传输光电复合线缆组件。智能终端用温度补偿型声表面波滤波器（TC-SAW）、体声波滤波器（BAW）、薄膜腔声谐振滤波器（FBAR）；车规级 MLCC、微波射频 MLCC、片式单层陶瓷电容器（SLC）、硅电容器、CMOS 及 SAW 模块用陶瓷封装基座、99.6%的氮化铝陶瓷基板、片式薄膜电阻器、片式合金箔电阻器；基于 5G 通信系统的微波射频器件等高频器件。直流无刷电机及智能化微特电机，以及为机器人配套的减速器、伺服电机。高电压、大容量、大电流、高可靠、长寿命真空开关管及 X 射线管，医用 CT 管，基于 5G 通信系统的基站的毫米波真空器件。为太阳能发电、风力发电等新能源产业配套的新型储能电池、超级电容器、为新能源汽车配套的高压直流继电器、PhotoMOS 继电器、CMOS 继电器、特种功率电阻器，以及电力电子用关键元器件。通信基站用石英晶体振荡器；光纤传感器、MPO/MTP 光纤连接器用 MT 插芯；新型通信设备用 56Gbps 高速连接器、全海深水下插拔光电连接器。

（八）应用电子

1. 汽车电子产品。汽车电子核心技术、自动驾驶技术和各类汽车电子产品，包括芯片、控制器、执行器、高性能电子装置等，形成品牌汽车配套的汽车电子产品的设计、验证、生产能力。

2. 医疗电子产品。建立数字化医疗电子设备的生产工业标准和规范。医学影像、无创微创诊疗、普及型医疗设备、专业性医疗设备、远程医疗等产品的开发与产业化，如颅内压力/温度监测仪、颅内压传感器等。

3. 金融电子产品。金融 IC 卡芯片研发与产业化，金融电子设备关键技术研发，推广应用符合 PBOC2.0 标准产品。移动支付、网络支付、智能卡、银行 ATM 机、POS 机、自助服务终端等产品的产业化。建立金融 IC 产品检测认证体系。

4. 装备电子。提高工业控制计算机和嵌入式系统的设计、开发能力，提高完善试验、测试能力，提高加工和装配工业水平。推动高档数控系统、可编程控制器、嵌入式控制系统等产品的产业化。

（九）测量仪器

1. 通信与网络测试仪器。满足 TD-LTE 网络测试需求的 TD-LTE 路测分析仪、模块化的 TD-LTE 基站和终端射频测试系统、LTE 核心网络设备和无线网络设备测试工具、TD-LTE-Advanced 终端一致性测试开发终端协议仿真测试仪。其他通信方式，以及网络测试所需的新一代通信测试仪器、计算机网络测试仪器、射频识别综合测试仪器、各类读卡器、近距离无线通信综合测试仪器。

2. **半导体和集成电路测试仪器**。多功能半导体和集成电路进行测试需求的射频与高速数模混合信号集成电路测试系统，存储器等专项测试系统，半导体和集成电路在线测试系统、测试开发系统。

3. **数字电视测试仪器**。数字电视和数字音视频测试用信号源、码流发生器、场强测试仪、测试接收机、测试发射机、数字视音频测试仪、码流监测分析仪、图像质量分析仪、网络分析仪、网络质量和安全监测仪、地面信号覆盖监测系统。

4. **检测能力建设**。高端集成电路共性检测、失效分析、试验评价能力；仪器仪表的电离辐射、环境与可靠性、安全与电磁兼容试验；通信产品节能检测与评估平台；安全、环境可靠性、电磁兼容检测平台；通信软件检测和评价环境的建设；无线通信产品质量检测能力建设。

（十）绿色电池

1. **锂离子电池**。支持研发高能量密度、长循环寿命、高安全性的消费型、动力型和储能型锂离子电池，推动大容量锂离子电池系统集成和产业化，支持大容量电池组管理系统的研发，突破在动能回收、启停等领域替代铅酸电池的研究与产业化应用，加大新型、高性能、高安全性的正负极材料、隔膜材料、电解质、溶剂、添加剂、铝塑膜材料等的研发力度，形成从关键材料、关键部件到电池芯、电池组乃至电池系统的完整工业体系和创新体系。

2. **燃料电池**。突破燃料电池材料等关键技术，推动燃料电池产业化，重点支持小型实用燃料电池的开发与应用，拓宽小型燃料电池系统的应用领域和燃料电池在电动车上的示范运营。

3. **超级电容器**。加强超级电容器基础技术研究，提高超级电容器的比功率与比能量，支持超级电容器与电池混合应用研究，加大超级电容器产业化应用，并加速超级电容器生产设备的研制和产业化。

（十一）太阳能光伏

1. 光伏材料。支持低能耗、低成本的太阳能级多晶硅材料生产技术。掌握电子级多晶硅生产技术，突破高效、节能的大型提纯装置及工艺技术，提升多晶硅副产物综合利用。推广应用高质量、高效率、低成本、低能耗、薄片化的单晶硅片和多晶硅片生产工艺技术。支持高性能环保背板、高性能反射条、导电银浆、用于高效晶体硅异质结透明导电电极材料（TCO）等关键配套辅料产业化。

2. 晶硅太阳能电池。支持高转换率、低成本、长寿命的晶体硅太阳能电池的产业化技术。推进非晶硅/晶体硅异质结、PERC 背钝化技术、N 型 PERT 电池、IBC 全背结技术等新型太阳能电池成套关键工艺技术的开发。

3. 薄膜太阳能电池。支持高转换率、低成本、长寿命的薄膜太阳能电池的技术开发与产业化。掌握铜铟镓硒薄膜太阳能电池规模化制造关键工艺技术，推进铜铟镓硒薄膜太阳能电池的产业化进程。掌握柔性砷化镓太阳能电池制造关键工艺技术。跟进碲化镉（CdTe）薄膜太阳能电池规模化制造关键工艺技术和产业化进程。

4. 光伏发电系统。支持太阳能电池系统、逆变器、储能及配套部件在电动汽车充电桩、通信基站等方面的应用。推广应用光伏建筑一体化建材型组件生产技术，解决 BIPV 组件的透光、隔热、建筑美观要求等问题。推广智能光伏组件、逆变器、跟踪系统、运维中心等产品和技术应用，发展智能光伏集成运维。发展高效、低价、长寿命的光伏并网逆变器、储能电池及智能微网系统等装置。推广太阳能电池产品在石油、海洋、气象领域、沙漠治理、现代农业、渔业的应用。

5. 光伏储能系统。针对发电和输、配电领域开发长时间大容量、短时间大容量、高功率的储能产品。加强高安全性、高能量密度、长寿命、低成本储能电池产品开发。支持研发储能逆变器等一体化光伏产品。支持研发基于光伏发电、储能系统集成与电网智能控制技术的光储系统集成解决方案，实现储能与现代电力系统协调优化运行。

（十二）电子新材料

新一代信息技术产业用材料。加强集成电路用 12 英寸硅单晶抛光片及外延片，大尺寸低缺陷碳化硅单晶材料，红外窗口应用的大尺寸蓝宝石晶体，掩膜版用高纯石英基板，CMP 制程用抛光材料（抛光垫、CMP 后清洗液等）、半导体光刻胶及专用树脂、高纯度光致产酸剂等材料研发及产业化，解决极大规模集成电路瓶颈材料制约。实现 OLED 有机发光及功能材料、低温多晶硅 TFT-LCD/AMOLED 用玻璃基板、AMOLED 基板和盖板用聚酰亚胺（PI）浆料、AMOLED 面板用无色聚酰亚胺（PI）浆料、大尺寸高精度掩模板、大尺寸金属靶材、新型氧化物靶材等批量生产工艺优化。开展单模光纤预制棒用大尺寸石英套管、高功率激光或功放用掺稀土光纤、高纯掺氟石英管（衬管或套管）、芯片封装用覆铜板、高频高速高密度覆铜板及高性能挠性覆铜板、透明 PI 覆盖膜、低粗糙度电子铜箔材料，5G 移动通信板用孔导通化添加剂，应用于 5G 封装高稳定性介质膜材料，高导热厚膜材料，片式电阻功能浆料与关键基础材料，5G 通信用 MPO 多芯光纤连接器套件，工业级激光器用激光光纤等产业化，满足电子信息和通信发展需求。

六、服务型制造和技术改造服务体系

支持集成电路设计企业、制造企业和封测企业联合建设集成电路设计公共服务平台，强化设计、制造、封测产业链协同。支持电子元器件、系统整机、软件和信息服务企业组成各种形式的产业联盟，促进联合协同创新。鼓励电子信息企业、科研机构、行业组织联合建设大数据采集平台，推动柔性化生产。鼓励大数据、云计算相关企业开放平台资源，打造协作共赢的大数据、云计算服务生态环境，凝聚 ICT 和制造业形成联合攻关力量，开展工业数据平台的技术和产业化攻关，形成产业支撑能力，推动制造企业整合信息资源，实现数据共享，优化业务流程，提升经营管理水平。

推动工业化和信息化融合发展，促进先进电子制造业与现代信息技术服务业深度融合。支持信息技术企业与传统工业企业开展多层次的合作，促进电子信息产业与其他产业融合发展。结合国家改善民生相关工程的实施，加强电子信息技术在教育、医疗、社保、交通等领域应用。提高电子信息技术服务“三农”水平，加速推进农业和农村信息化，发展壮大涉农电子产品和信息服务产业。加速行业解决方案的开发和推广，组织开展行业应用试点示范工程，支持 RFID（电子标签）、汽车电子、机床电子、医疗电子、工业控制及检测等产品和系统的开发和标准制定。

大力推动云制造发展。支持制造业企业、互联网企业、电子信息企业联合开发工业系统、软件、智能控制、工业云等关键共性技术，提供面向细分行业的研发设计、优化控制、设备管理、质量监控等云制造服务，推动创新资源、生产能力和市场需求的智能匹配和高效协同。鼓励中小企业采购使用工业云服务，承接专业制造业务，外包非核心业务，走专精特新发展道路。

支持电子信息企业发展服务外包。积极承接全球离岸服务外包业务，引导公共服务部门和企事业单位外包数据处理、信息技术运行维护等非核心业务，建立基于信息技术和网络的服务外包体系。提高信息服务业支撑服务能力，初步形成功能完善、布局合理、结构优化、满足产业国际化发展要求的公共服务体系。

发展基于智能硬件的信息增值服务。鼓励电子信息制造企业面向行业与用户使用场景研发软硬件一体化的产品系统，拓展融合“硬件+平台+软件”的一体化解决方案，创新高附加值服务。支持电子信息制造业企业面向消费者和特定细分人群，研发制造智能终端、可穿戴设备、服务机器人、智能家居等智能消费产品，为客户提供陪伴、娱乐、医疗健康、环境监测、生活服务、在线教育等高端服务，创新服务收费模式，鼓励企业从单纯硬件竞争向应用服务竞争转变。

发展工业大数据，加强数据资源发掘运用。推进生产制造系统的数字化、网络化和智能化，分析感知用户需求，增强大规模定制与个性化定制能力，及时响应市场变化与用户需求，形成个性化设计、制造和服务新模式。

发展专业化服务，提高电子信息产业认证认可计量检测服务水平。强化产业认证认可计量测试服务体系建设，规范检验检测机构资质许可，发展面向制造全过程的认证认可计量检测等服务，推动认证认可计量检测服务融入产品设计环节。

第二章　机械行业

一、创新平台

利用国家级创新平台和国家级检测认证中心，建设现代农业机械、数控系统及功能部件、智能塑料机械、智能物流装备等行业重点产品研发及试验检测平台；建设液压气动密封元件及系统协同创新平台、智能化学热处理技术创新研发服务平台、电镀行业智能服务云平台；建设内燃机节能环保关键技术与产品的研发测试平台、固定翼活塞式航空发动机技术等平台；建设增减材制造创新中心，以及基础材料和工艺开发创新基地；建设智能传动创新研发服务平台。

建立机械装备绿色设计技术标准和规范；建立创新设计示范平台，重点开展智能数控机床相关技术研究、“4C”集成、机器通信通用标准和“人-机-物”接口技术、智能监控技术、智能优化决策和自适应控制技术、智能数控系统技术、智能化加工单元控制技术、增材制造复合工艺技术和数控加工赛博物理系统研发设计；建立满足智能技术需要的元器件规范。

二、基础能力

（一）机械基础件

1. 液压系统。用于新一代节能型 5～6t 装载机、油田特种车辆、大型经济作物收获机械、大型金属成形设备、节能型风力发电机等产品的液压系统，大型拖拉机、联合收割机精确作业电液控制系统，智能数字液压控制系统，静液压驱动系统，大型金属加工设备大流量充液系统，液压位置闭环控制系统，液压安全阻尼系统等。

2. 泵阀元器件。工作压力≥31.5MPa、流量≥100L/min 的高压液压阀，额定吸力≥50N 的高压液压阀用比例电磁铁，通径≥32mm、流量≥400L/min 的大排量液压泵，额定压力≥35MPa 的电子控制轴向柱塞泵，数字液压油缸，数字液压阀，数字液压泵/马达，数字液压缸专用压力/位移传感器，数字比例放大器，高压、大通径电液比例流量阀，先导型高响应大通径双向液压伺服比例阀，高性能电液比例多功能柱塞泵/马达，高压变量柱塞泵与马达减速总成，电液比例伺服阀，民用航空发动机驱动液压泵，EHA 高速双向变量泵。

3. 密封元器件。核主泵机械密封，核二三级泵机械密封，核岛堆芯容器 C/O 形环密封，核级抗辐射高可靠性硬质合金机械密封环；煤炭深加工流程泵用机械密封，突破密封材料耐磨损与腐蚀防护技术、高低温介质环境模拟与试验技术、密封辅助系统设计技术和密封可靠性运行技术。高压干气密封，天然气长输管线密封，油气井口装置密封，超大直径机械密封，石化装置、船舶等超大直径密封。海洋油气勘探开发水下生产系统（采油采气树、防喷器、隔水管等）和输油管道快速接口密封件，耐海水腐蚀、适合水下机器人安装；新能源页岩气和煤层气钻采输送设备密封系统；大飞机用液压密封件；轿车动力总成系统及传动系统旋转密封，高压液压元件密封件。

4. 气动元器件。轨道交通用高性能气动元件，环境温度-40 ~ +80℃的气缸、气动阀、气源处理元件，以及气管、接头等配套气动元件。智能定位气动执行系统。

5. 轴承。高速度高精度数控机床轴承；工业机器人 RV 减速机轴承，谐波减速机轴承，等截面薄壁轴承，薄壁交叉圆柱滚子轴承；航空航天装备轴承；汽车轮毂轴承单元，发动机和发电机轴承，变速箱轴承，柔性轴承，转向系统轴承，ABS 偏心圈轴承，长寿命水泵轴连轴承，涡轮增压器轴承，载重汽车免维护十字轴，新能源汽车轴承；海洋工程装备及高技术船舶轴承，海洋和深井超深井石油钻机轴承；高速动车组轴承，大功率机车轴承，大轴重和快捷铁路货车轴承，新型城市轨道交通轴承，城际铁路轴承；大功率风力发电机组轴承；大功率精准作业农机轴承；第三代 CT 机等高性能医疗机械轴承；高速透平一体机磁力轴承及控制系统；大型工程机械和矿山机械重载长寿命轴承；高端轴承用精密滚子、第三代高氮不锈钢等轴承钢。

6. 齿轮及传动。工业机器人精密减速器，轨道交通高速、重载、耐腐蚀、复杂多轴传动装置，高功率密度的盾构及硬岩掘进机配套减速机，工程机械自动变速器、汽车 CVT 无级变速器，汽车驱动桥长寿命低噪声螺旋锥齿轮，电动汽车无级变速器，飞机高可靠性齿轮传动装置，大型核电和超超临界火电齿轮调速装置。变异精密齿形链系统，双相链传动系统，大排量汽车发动机齿形链传动正时系统，大功率舰船发动机传动链。高精度传动联结件，大型轧机联结轴。

7. 紧固件。航空航天、高铁列车、高档轿车高性能紧固件，汽车发动机、风电和核电装备配套的合金钢、不锈钢紧固件。高强度紧固件，不锈钢、耐候钢紧固件、铝合金紧固件、钛合金紧固件和精密紧固件。

8. 弹簧。高应力弹簧，高寿命弹簧，轿车用稳定杆、气门弹簧、悬架弹簧，高铁弹簧，高性能泵阀用紧密弹簧。

9. 粉末冶金。高密度（≥7.0g/cm^3）、高强度、高精度粉末冶金零件，高铁、汽车、航空用摩擦片，高速列车、飞机摩擦装置，含油轴承，新型粉末冶金零件。

10. 模具。新能源汽车暨汽车轻量化制造技术所需的 700～1000Mp 高强钢板侧围冲压模具、1500Mp 以上超高强钢板中控道热成形模具、8～12mm 长玻纤含量 40%以上增强塑料注塑模具、多料多色注塑模具、大型复杂轻金属结构件和功能部件压铸模具、高强度铝合金冲压成形模具；中小型电机铁芯、微型电机壳体、电子插接件等产品用高速多工位级进冲压模具；800 万像素以上树脂光学组件（镜头）注塑模具、阵列光学模具、超大规模集成电路封装模具、精密医疗器械模具；塑料异型材共挤及高速挤出模具、直径 4 米以上巨型工程轮胎模具、动车组齿轮传动系统超高速（300km/h 以上）精密轴承关键模具、高强度大尺寸复杂断面中空铝合金型材挤压模具；高档模具标准件和智能化模具集成制造单元等。

11. 发动机气门。汽车发动机气门，船舶发动机气门，内燃机发电机组气门等。

（二）基础材料

1. 基础密封材料。高抗水解聚醚聚氨酯密封材料，高性能柔性石墨材料，高温和低温弹性等密封材料，高性能无石棉密封材料，高强度细颗粒机械密封用碳石墨材料，大飞机液压密封系统、高压液压密封系统及核电耐辐照密封系统用密封材料，超低温垫片、密封填料，耐高温填料静密封材料。

2. **复合材料**。聚甲醛合金材料，液压泵用双金属烧结材料，纳米复合材料，燃气轮机用耐高温合金材料，碳纤维复合材料，高强度细颗粒机械用碳石墨材料，减磨耐磨材料，磁性材料，热压烧结碳化硅、热压烧结氮化硅、高性能非金属垫片及材料，3D 制造用钛合金粉末等。

3. **新型焊接材料**。高强高韧焊接材料，耐热、耐蚀、耐辐照、耐磨及耐低温焊接材料，无毒绿色钎焊材料及焊剂。

4. **超硬刀具材料**。硬质合金（YG、YT、YW），高温合金、钛合金加工用高效可转位刀具，高端金属陶瓷圆锯片，高速高效锯切用硬质合金带锯条，高精度金刚石 PCD 刀具，立方氮化硼刀具（PCBN），CVD 金刚石厚膜刀具，CVD 金刚石涂层刀具。

5. **其他基础材料**。仪表功能材料，测温材料，声、光、力敏感材料；低膨胀高温合金，过热器管道耐热钢，压气机盘及涡轮盘用耐热不锈钢和高温合金；铸造用高纯生铁，特种球化剂、蠕化剂、孕育剂、预处理剂、精炼剂，环保树脂、无机粘结剂等少无污染的绿色铸造原辅材料，3D 打印快速成形新材料；大锻件用高纯净钢、冷锻用钢、非调质钢，少无污染的绿色锻压润滑剂；大型高强铝合金铸件，高压精密液压铸铁件，大型压铸模具钢材料；大型钛合金模锻件和铸件，大型模锻模和挤压模具材料；钛铝金属间化合物材料；抗氢钢大型锻件，630℃以上超超临界火电机组关键铸锻件，大型船用曲轴锻件；汽车粉末冶金零件，大型车辆用铝型材，汽车轻量化用超高强度钢、细晶粒高强度精冲专用钢板、轨道交通车轮组材料，高压液压油缸用冷拔钢管及液压柱塞泵泵轴材料，农业机械高性能传动带；国六发动机轻量化高强蠕铁材料，无缸套高耐磨高强灰铁材料；碳化硅陶瓷材料，防腐用高纯氧化锆陶瓷结构件；阀座用高分子材料；粉末高速钢工具材料；环境友好型涂料：汽车涂料，船舶涂料；减磨润滑剂；核反应堆材料。

（三）产业技术基础公共服务平台

完善工程机械高端液压元件和系统协同工作平台，建设橡塑密封、液力、气动、机械密封和填料静密封、轴承、齿轮、紧固件等行业技术服务平台，建设机器人变速器、柴油机喷油嘴、特种精密齿轮等基础关键零件热处理工艺研发服务平台。

三、智能制造和工业互联网

推进企业生产过程信息化，全面启动传统制造业智能化改造，开展离散型智能制造、流程型智能制造、网络协同制造、大规模个性化定制、远程运维服务智能制造新模式的试点示范，逐步探索实践有效的经验和模式，在制造业各领域全面推广。

以骨干企业牵头，建设智能成套生产线和智能工厂，开展数字制造、智能制造示范工作。运用模块化设计技术和信息协同控制技术，以新型制造工艺为重点，建立专用零部件数字化制造单元和智能制造技术验证体验中心，以机器人应用、自动化物流为基础建立自动识别、自动定位、在线智能检测的智能生产线。在合同管理、财务管理、物流管理、制造流程管理、动能管理、人员管理等方面，开展智能工厂建设，实现灵活的规模化生产，有效提高产品的制造精度和稳定性。

鼓励企业利用网络协同技术实现跨专业、跨企业、跨地域的产品研发，关键生产环节设备泛在网络互联、高端装备全生命周期的远程智能维护，提升机械制造企业产品研制能力及研制质量。面向机械信息行业建立工业互联网标识解析二级节点，开展全生命周期管理、产品追溯等工业互联网标识解析集成应用。建立机械行业工业互联网平台，打通行业全要素、全产业链和全价值链的全面连接，支持数字化管理、网络化协同、服务化延伸、智能化生产及产融结合等新模式发展。开展机械智能制造系统安全防护，建设机械行业内生安全的工业互联网平台，应用到现代农业机械、数控系统及功能部件、智能物流装备等多种行业重点产品的生产制造场景。针对机械行业数控系统的脆弱性及专用协议、违规的网络接入、恶意漏洞等脆弱点进行安全评估，实现风险分析和危险源识别。

四、绿色制造

大气污染治理设备，包括湿式静电除尘器，燃煤工业锅炉超低排放控制技术装备，工业锅炉脱硝装备，塑烧板除尘器，有机废气等离子净化设备，冲天炉、电弧炉专用除尘系统。水污染治理设备，包括污水一体化生物处理装置，农村分散型生活污水处理设备，污水专用换热装备，带式污泥浓缩压滤一体机、螺旋栅渣压滤机。固体废物处理设备，包括大型生活垃圾焚烧炉及二噁英处理成套装备，生活垃圾热解燃烧处理设备，水泥窑协同处理城市垃圾设备，土壤修复成套装备。资源综合利用设备，包括含铅废料无害化处理及回收综合利用装备，铸造废（旧）砂再生成套设备，铸造生产废渣再利用技术。环境监测仪器仪表，包括脱硝氨逃逸检测系统，光谱分析仪器用光电倍增管，自动进样器，应用于汽车尾气检测的传感器，高效液相色谱仪，VOCs 检测仪器。

针对数控机床加工过程切削液排放/碳排放限制，开展轻量化结构、运行过程优化/能效管理、绿色切削、模块化可重构等研究，满足绿色制造需要。内燃机领域推广薄壁铸造、高压铸造、精密铸锻、热处理及表面加工等绿色制造工艺，高动态交流电力测功器、低耗能产品出厂试验测试装置，以及高效能量回收技术。再制造表面修复关键技术，内燃机及其关键零部件再制造装备，模具修复及再制造装备。环保型高分子及其复合材料专用成形加工技术及装备。

再制造表面工程、疲劳检测与剩余寿命评估、增材制造等关键共性技术工艺，开发自动化高效解体、零部件绿色清洗、再制造产品服役寿命评估、基于监测诊断的个性化设计和在役再制造关键技术及装备。

五、质量提升

（一）高端装备

组织实施大型飞机、航空发动机及燃气轮机、民用航天、智能绿色列车、节能与新能源汽车、海洋工程装备及高技术船舶、智能电网成套装备、工业机器人、高档数控机床、紧凑型智能成形装备、核电装备、高端诊疗设备、非常规油气勘探开发设备和高端井下工具、高端精密塑料机械、先进农机装备等一批创新和产业化专项、重大工程。开发一批与十大重点发展领域密切相关的标志性、带动性强的重点产品和重大装备，提升设计水平和系统集成能力，突破共性关键技术与工程化、产业化瓶颈，组织开展应用试点和示范，提高创新发展能力和国际竞争力，抢占竞争制高点。

（二）农业机械

1. 农用整机。大马力动力换挡或无级变速拖拉机，果园、丘陵、山地及水田等专用拖拉机，水稻联合收获机，玉米联合收获机，联合整地机械、精密播种机械、保护性耕种机械。自走甘蔗收获机，大型自走式饲料收获机，牧草收获全程机械、现代规模化养殖场智能成套设施、农副产品精深加工成套设备。自走式喷杆喷雾机。节水灌溉与水肥一体化装备、种子加工机械、山地丘陵农机等。

2. 关键零部件。农用柴油机，联合收割机配套的关键零部件、基于纳微米短纤维补强的高性能传动胶带及高性能传动链条。拖拉机、联合收割机、大型农机具智能控制系统、终端显示器，以及谷物损失传感器和作业导航系统。大马力拖拉机动力换挡变速器、CVT 无级变速器，大马力拖拉机负载传感的电液提升控制、高速乘坐式插秧机的比例仿形控制、多功能型收割机执行元件的电液比例升降控制。大型经济作物收获机械液压系统及液压元件。转向驱动桥及电液悬挂系统、高性能打结器。

（三）文化、办公与印刷装备

1. 文化设备和器材。数字式照相设备和器材、数字化电影摄影和放映设备、数字化教学和教育设备、档案制作和整理设备，建立生产工业标准和规范。

2. 办公设备与办公耗材产品。激光打印机/传真机、数字式静电多功能一体机、喷墨打印/传真机、喷墨照片打印机、数字式喷墨多功能一体机、针式打印机（宽幅面、金融和标签专用）、医学影像设备专用输出打印设备等数字化办公设备，及其耗材（光导鼓、墨粉、载体、墨粉基础材料合成树脂和磁性材料）与关键零部件，建立生产工业标准和规范。

3. 印刷设备器材。印刷物料自动管理系统、自动印刷辅助系统；生产型卷筒纸彩色喷墨印刷设备，生产型单张纸彩色静电印刷设备；印后加工生产联动线，数字印刷联机骑马钉联动线、平装联动线；高速柔性版印刷机、高速大幅面单张纸多色胶印机。

（四）石油化工及通用机械

1. 成套设备。5～20 万吨/天膜法海水淡化成套设备、5～20 万吨/天蒸馏法海水淡化成套设备、5～20 万吨/天低温多效蒸发海水淡化成套装备。1～2 万吨/天反渗透海水淡化工程的能量回收装置。2500 型以上大型压裂成套设备，旋转/垂直导向钻井系统，特深井钻机、极地钻机、模块钻机、斜直井钻机、超级单根钻机，连续管作业机和钻井机，不压井作业设备、超高压和水下采油（气）树/防喷器等井口装置及其控制系统、节能抽油设备等。大型液化天然气（LNG）接收站装备、小型 LNG 液化工厂。油污染防治、钻完井泥浆/压裂液/废弃物处理成套装备。大型冶金能量利用装置。螺杆双循环低温热能回收技术及成套设备。大型高炉用离心鼓风机、蒸汽锅炉、高炉顶压与烧结余热能量回收联合发电装备（STRT）。蒸汽再压缩技术（MVR）装备。用于石油、石化、煤炭等行业生产中排放的废气回收再利用的高性能大型压缩机成套设备。加油加气站、油库油气回收设备。节能型褐煤干燥提质装备、煤基多联产成套设备。生物流化床+强化混凝成套水处理设备。滤布滤池技术及设备。捣固焦炉环保、节能与低氮氧化物排放技术及设备。氢气压缩机、轻烃膨胀分离器，大型 LNG 卸料臂。

2. 核心配套设备。（1）顶驱、钻井泵、绞车、管柱自动化处理系统、螺杆钻具、钻头等钻井设备，射孔器材、固井设备、压裂泵、制氮设备、液氮泵送设备等完井设备，大口径全焊接球阀/泄压阀、电驱/燃驱压缩机等油气集输设备、车载注气、排水采气等石油天然气增产用高压力，高转速往复式压缩机。（2）百万千瓦级三代核电站用泵，第四代核电站用泵、小型先进模块化多用途反应堆用主循环泵、百万千瓦超超临界火电机组给水泵；1350MW 机组主凝结水泵；具有完备可靠的就地与远程监控系统的长输管线油泵；50 万吨/年合成氨高压甲铵泵，离心泵和隔膜泵；1000 万吨/年高温油泵、塔底泵、催化裂化油浆泵、煤化工空分装置超低温泵；LNG 接收站高、低压低温潜液泵；百万吨级乙烯装置用急冷油、急冷水泵；石化用高压立式湿绕组型强制循环热水泵；天然气净化装置高压多级离心泵。（3）满足 2000 万吨炼油、130 万吨乙烯等石油化工装置需求的大推力往复压缩机、裂解气压缩机、丙烯制冷压缩机、乙烯制冷压缩机、大型多列迷宫压缩机、大排量螺杆压缩机，70 万吨以上合成氨四大压缩机组，100 万吨/年 PTA 装置用工艺空气压缩机、200 万吨甲醇合成气压缩机，油田注气高压压缩机，空气储能装置用压缩机及膨胀机、分布式能源成套设备及压缩机，50 万吨以上合成氨四大压缩机组，36 ~ 45 万吨/年大型硝酸“四合一”透平机组；百万吨级精对苯二甲酸装置的“四合一”高效压缩机组、油气田生产及海洋装备领域用高速撬装往复式压缩机。LNG 接收站用大型低温 BOG 压缩机、160 ~ 450kW 二级以上一般动力用喷油回转式空气压缩机；500kW 以上一般动力用离心式空气压缩机；200kW 以上一般动力用干式螺杆空气压缩机、喷水回转式空气压缩机、2.2 ~ 4kW 新能源汽车用无油涡旋空气压缩机；800kW 以上高压液力透平；大型往复式压缩机气量自动调节装置。（4）压力≥6MPa 的百万吨级乙烯冷箱、高效板翅式换热器的大型 LNG 冷箱。6 万、8 万、10 万 Nm^3/h 空分成套设备的空压机、增压机、膨胀机。高效粉煤汽化炉，密闭防爆离心机。（5）XG-75/3.82-Q 型蒸汽锅炉，高温、高压、全流量冷热态性能试验回路主蒸汽和稳压器安全阀、调节阀和主蒸汽隔离阀等核一、二级高参数阀门、华龙一号先导式安全阀。第四代快堆主循环钠泵回路用阀。百万千瓦超超临界火电机组阀门。抽水蓄能电站进水球阀、大口径水轮机进水双密封蝶阀。天然气、乙烯、天然气液化装置用低温球阀，煤化工用大口径镍基合金氧气阀。（6）光伏发电高位熔盐泵。（7）海洋石油水下核心设备。5K，10K，15K 立式、卧式水下采油树，水下采油控制单元，深水 500 米、1000 米、1500 米水下单相、多相计量仪，4"、6"、8"、12"等深水水下自动阀门，深水水下分离器，水下压缩机，水下输送泵，水下注入泵，水下开孔器，水下防喷器，隔水导管，隔水导管浮体材料，水下搭载潜器，100 千瓦以上水下工作机器人，深水水下声呐、反射及应答器，水下海底中长期流速测量仪，深水水下吸力锚及补偿器，水下立管，15、21、30、35 ~ 70 ~ 100MPa 高压柔性管，超深水大厚壁管，200 吨、300 吨、400 吨张力器。

（五）高档数控机床

1. 整机产品。（1）汽车制造领域。汽车发动机关键件加工所需的柔性自动化、高精尖加工设备，汽车变速箱齿轮、壳体、轴类等零部件加工所需数控机床及生产线，汽车覆盖件等自动冲压生产设备等。（2）航空、航天设备制造领域。铝合金复杂结构件加工设备，钛合金、高温合金等难加工材料零件加工设备，复合材料构件制造和加工设备，精密零件和光学元件加工设备，自动钻铆技术装备，大部件对接装配线，五轴蒙皮加工机床，镜像加工机床等。（3）海洋工程装备和高技术船舶制造领域。船用柴油机气缸体、气缸盖、机架、机座、曲轴、连杆等加工设备，大型船体和铆焊结构件制造设备，船用推进器的螺旋桨和陀轴加工机床，轻型工业燃气轮机制造设备等。（4）轨道交通设备制造领域。轨道加工和高速铁路路枕加工设备、机车和车辆制造设备、车轮和车辆零部件制造设备等。（5）IT、医疗器械等新兴产业专用设备、“3C”产品制造设备，机床关键件、功能部件、刀具加工设备、增材制造设备、工业机器人及柔性单元和柔性系统等。（6）发电设备制造领域。发电机和汽轮机转子加工设备，叶根槽加工设备，汽轮机叶片加工设备，核电反应堆堆芯的压力容器、稳压器、主泵及驱动机构加工设备，风电变速箱中大型内齿圈、圆柱直齿轮和斜齿轮等加工设备。

2. 功能部件。为以上整机产品提供高性能的功能部件。数控系统；高速精密滚珠丝杠副，行星滚柱丝杠副，微型滚珠丝杠副；高速精密滚动直线导轨、重载滚动直线导轨；BMT 伺服动力刀架，数控机床刀库；双摆角铣头，精密重载动静压电主轴，高精度大推力永磁同步直线电动机，高动态响应的进给系统等。

3. 刀具、磨料磨具。高温合金、钛合金加工用高效可转位刀具。高端金属陶瓷圆锯片，金属陶瓷齿材，优质弹簧钢背材。齿轮修整滚轮、螺杆压缩机转子、丝锥、蜗轮蜗杆滚轮等 CBN 成形磨砂轮。丝杠、凸轮轴等 CBN 成形磨砂轮，发动机气门 CBN 成形磨砂轮。航空航天及军工难加工异型新材料的抛磨加工工具。

（六）电工电器

额定推力 240N/300N 的三相扁平型直线异步电动机。永磁同步直线电机驱动加速系统。三相双边永磁同步高速高精度直线电机。三相扁平型永磁同步直线电动机。电力电缆连接件和 GIL 产品。磁悬浮电机。特高压输变电设备，高压电缆成套技术及电缆附件。

（七）先进轨道交通

1. 零部件。轨道交通用高性能气动元件。高速动车组轴箱轴承，精度 P4 级。新型城市轨道交通轴承、大轴重铁路货车轴承、高速动车组车轴/车轮，实现高速动车组车轴/车轮批量应用。列车制动系统及基础制动元件，新一代大功率交流传动机车、重载货物列车、高速动车组制动系统及基础制动元件，实现进口替代。

2. 控制系统及整机。实现动车组网络控制、故障诊断、数据存储等功能的列车网络控制系统。CTCS-2/CTCS-3 列车运行控制系统。高速列车永磁牵引电机，全面提升电机的小型化、轻量化及高功率密度等指标。城市轨道交通列控系统。车钩缓冲装置，掌握车钩缓冲装置的连挂和缓冲吸能、材料工艺、组装检测等核心技术。

（八）工程机械

工程机械高端液压件，20t 级及以上的大、中型液压挖掘机用高压柱塞泵、液压马达和液压多路阀等关键液压元件，数字液压油缸，数字液压阀，数字液压泵/马达，数字液压缸专用压力传感器，针对 13t 级及以上液压挖掘机的智能液压系统，5 ~ 6t 级装载机智能液压系统。

（九）仪器仪表

1. 控制系统。一是服务于离散工业和流程工业，建设数字化车间、智能化工厂的自动化、数字化、智能化、网络化的智能综合控制系统；二是服务于高性能的机器人、高端智能数控设备、航空发动机等高端设备的专用控制模块、控制器及控制系统；三是服务于大型核电、风电等新能源发电设备、大型石油化工成套装置、大型冶金成套设备等重大技术装备用分散型控制系统（DCS），现场总线控制系统（FCS），输入输出点数 512 个以上的中大型可编程控制系统（PLC）等。

2. 测量仪表。数字化、智能化、网络化高精度智能压力/差压变送器、高精度质量流量计、电磁流量计、超声波流量计，高精度物位仪表、多参数变送器、耐恶劣环境大推力智能执行器等工业在线自动化检测仪表和设备、原位在线成分分析仪器，原位在线无损检测仪表、高精度（在线）几何量测量仪器仪表等；用于核电温度测量核级铠装热电偶及组件、铠装铂电阻及组件、反应堆压力容器水位监测组件；智慧城市智能电网用智能电表及装置，智能化高精度电工量测量仪表，全电子式智能水表、热量表。

3. 传感器。具有无线通信功能的低功耗各类智能传感器；新型光电传感器、磁传感器、MEMS传感器、声传感器、硅基传感器、高精度视觉传感器、检测金属缺陷的脉冲涡流传感器、特种微型高精度波纹管传感器；惯性导航传感器、内燃机用空气流量质量传感器、宽域氧传感器、氮氧化物传感器；用于铝、稀土冶炼用多参数传感器、用于食品、药品、水质、烟气、空气、土壤、固体中有毒有害物质测量的各种智能传感器；传感器无线通信功能部件等。

4. 科学仪器。一是服务于科学研究，药品、食品、生物、生化、环保等领域分析检测用的高性能科学仪器。色谱仪器、质谱仪器、光谱仪器、核磁共振波谱、色谱质谱联用仪、色谱光谱等各种联用仪、自动生化检测系统；扫描电子显微镜、高性能智能化网络化光学显微镜、百万分之一电子天平、高性能实验室离心机等。二是服务于科学研究、智能制造、测试试验、认证用测量精度达到微米以上的多维几何量测量仪器，如多维坐标测量机、激光自动跟踪测量仪、原子力显微镜等；自动化、智能化高性能电液伺服疲劳试验机、多通道协调加载试验系统；工业X射线CT装置、三维超声波探伤仪等无损检测设备，高性能环境模拟试验设备、电磁兼容检测设备等。三是服务于科学研究、工业安全、社会安全、生命安全监测、控制和报警仪器装置。生产过程安全监测仪器及报警系统、矿井灾害监测仪器和安全报警系统，地震、地质灾害观测仪器及安全报警系统，综合气象观测仪器装备（地面、高空、海洋气象观测仪器装备，专业气象观测、大气成分观测仪器装备，气象雷达及耗材等）、移动应急气象观测系统、气象计量检定设备、气象观测仪器装备运行监控系统。轨道交通用检测试验仪器和监控系统，城市智能视觉监控、视频分析、视频辅助刑事侦查技术设备等。四是科学仪器的关键核心部件、元件。如质谱仪器的四极杆、离子阱、漂移筒，色谱仪器的高性能检测器，光谱仪器的干涉仪，光电倍增管、激光器、光栅、滤光片，射线检测仪器的 X 射线管，试验机的高精度引伸计，超声波仪器的高精度换能器，嵌入式控制模块，高性能光学镜头、高性能小型真空泵，自动取样系统和样品处理系统等。

（十）内燃机

1. 车用内燃机。乘用车高效小排量直喷增压发动机，采用阿特金森或米勒循环技术的混合动力发动机，乘用车柴油机，轻型商用车柴油机，中重型商用车用柴油机。替代燃料供给系统和关键部件，新型替代燃料燃烧技术，替代燃料内燃机专用润滑油、专用零部件和非常规排放后处理技术。

2. 柴油机和汽油机。农业机械用柴油机、工程机械用柴油机、内河航运、近海捕捞、水面作业船舶用中高速柴油机、非道路移动机械用替代燃料内燃机、增压及增压中冷技术、电控高压燃油喷射、废气再循环（EGR）技术、排气后处理技术、动力换挡拖拉机用柴油机，四气门柴油机。通用小型汽油机及摩托车用汽油机，四冲程汽油机空燃比精确可控的智能化电控技术，高效传动和动力匹配技术、性能优化和排气后处理技术。

3. 关键零部件。电控燃油喷射系统集成技术及喷油器总成、电控执行器、进油计量阀、电控单元。可变几何截面增压器，轨压传感器、宽域氧传感器、空气流量质量传感器等各类专用传感器，氮氧化物传感器、颗粒物传感器等用于排放控制的专用传感器。内燃机排气后处理装置用 DPF/GPF 载体，柴油机用固体氨选择性催化还原（SSCR）储氨容器系统。内燃机排气后处理选择性催化还原（SCR）系统用宽温度范围尿素水溶液。柴油机高压共轨系统油泵总成。柴油机高压共轨系统电子控制单元（ECU）。柴油机可变截面涡轮增压器喷嘴环总成。汽油机涡轮增压器。摩托车用汽油机催化转化器。厚膜 DLC 涂层活塞环。模块化、智能化新型节能冷却润滑系统部件；高效燃油、润滑油滤清系统。

4. 测试技术及设备。内燃机自动测试控制与标定系统技术，高精度大流量气体质量流量、颗粒物、排气烟度测量装置，关键零部件制造过程在线检测技术与装置，内燃机可靠性、排气后处理装置耐久性专用智能化测试设备，内燃机多环境多维度复合试验环境系统，汽车发动机链条及链传动正时系统制造。

（十一）矿山机械

新型露天矿开采成套装备与智能控制系统。深井、超深井大型提升装备与智能控制系统，液力偶合器、保安型井下智能供液系统，露天矿自卸车等设备关键部件，大型粉磨设备及工艺系统。自磨机、球磨机粉磨效率控制系统。松散物料成形设备，压球机、团矿机，海上风电施工设备。

（十二）冶金装备

钢铁材料高洁净度、高致密度及新型冷/热加工工艺装备。高效、节能、环保的轻量化短流程装备。冶炼用高纯度钒铝合金。方板坯连铸机高效智能化。极薄冷轧带钢高速精整机组工艺装备、高速高精度带材剪切工艺装备、高品质汽车面板剖分拉矫重卷检查机组工艺装备、高性能连续式复合钢板生产工艺装备、宽幅高品质有色金属高效冷轧机组工艺装备、高品质冷轧板酸洗—轧制—精整生产工艺装备。

（十三）高端装备制造与新材料

1. 高档数控机床和机器人材料。加快实现稀土磁性材料及其应用器件产业化，开展传感器、伺服电机等应用验证。开发高压液压元件材料、高柔性电缆材料、耐高温绝缘材料。调整超硬材料品种结构，发展低成本、高精密人造金刚石和立方氮化硼材料，突破滚珠丝杠用钢性能稳定性和耐磨性问题，解决高档数控机床专用刀具材料制约。

2. 先进轨道交通装备材料。突破钢铁材料高洁净度、高致密度及新型冷/热加工工艺，解决胚料均质化与一致性问题，建立高精度检测系统，掌握不同工况下材料损伤与失效原理及影响因素，制定符合高速轨道交通需求的材料技术规范，提高车轮、车轴及转向架用钢的强度、耐候性与疲劳寿命并实现批量生产。推动实现稀土磁性材料在高铁永磁电机中规模应用。开发钢轨焊接材料加工技术，发展风挡和舷窗用高品质玻璃板材。加强先进阻燃及隔音降噪高分子材料、制动材料、轨道交通装备用镁、铝合金制备工艺研究，加快碳纤维复合材料在高铁车头等领域的推广应用。

六、服务型制造和技术改造服务体系

推动装备制造业由提供设备向提供系统集成总承包服务转变，由提供产品向提供整体解决方案转变，由注重采购供应向注重供应链管理优化转变，提升产业效率、效益，增强市场竞争力。支持骨干装备制造企业拓展业务领域，延伸上下游产业链，培育一批具有系统集成能力的大型综合性装备制造企业集团。激活装备制造企业融入新一代信息技术的主动性和积极性，推动装备制造企业数字化转型，加快建设智能工厂。加强装备制造业发展、提升所需的各类高端工业软件的开发，鼓励装备制造企业开发凝结企业知识的应用软件。深入推进重大技术装备研发，加强装备制造企业对用户工艺的研究，与用户形成战略合作伙伴关系，实现整机与零部件、设计与工艺、制造与用户协同发展。支持装备制造企业建设核心技术攻关、协同设计制造、设备远程运维的工业互联网平台。

支持机械行业企业开展创新设计研究，发展众包、众创等模式。充分利用全社会资源，应用互联网、大数据、云计算、虚拟现实、3D 打印等新技术构建企业技术创新平台。

推动企业积极开展以用户需求为导向，应用新一代信息技术的既有柔性制造能力、又有服务型制造特点的业务，提高企业核心竞争力。

建立健全产品全生命周期的服务型制造体系，构建服务型制造标准体系和统计口径，大力发展生产性服务业，不断提高服务型制造水平。

建立重大装备远程监测中心，集成呼叫中心、配件服务平台，融合 GPS 终端，GPS 智能系统实现基于物联网的设备实时监控与远程运维平台，并在此基础上拓展物联网服务平台，为用户提供配件网络销售，租赁回收等市场营销服务。

引导企业积极开展主动服务，为客户提供更多有效的基于产品的服务方案。在网络安全、稳定、可靠的保障基础上，建立数字化互联互通的行业统一标准，并鼓励企业开发拥有技术主权的软件和服务平台，实现机械行业从生产型制造向服务型制造的转型。

第三章　汽车行业

一、创新平台

建立新能源汽车重大共性技术研发平台，建立新能源汽车公共检测平台，建立智能网联汽车技术研发与应用平台，建立节能与混合动力总成共性技术研发与应用平台，建立基于物联网技术的汽车零部件企业共享制造平台。

二、基础能力

（一）基础零部件

电控喷油系统、动力总成电子控制、驱动电机、电机电子控制系统、动力电池单体及系统、燃料电池系统、机电耦合装置、自动变速器、缸内直喷系统、电控附件系统、混合动力变速系统、机械传动机构、电子传动机构、能量再生制动系统、适用于双面冷却 IGBT 芯片及模块、基于 SiC 的 IGBT 芯片及模块、电驱动高速轴承、整车制动能量回馈系统、双向 DC/DC 变换器、高集成度电流传感器、高散热效率平面散热器、发动机专用电控单元 ECU、发动机控制系统控制器、混合动力系统关键控制系统核心控制器、稀土永磁电机、氢循环系统、Ⅳ型 70MPa 储氢瓶可变配气机构、发动机后处理器、高品质底盘橡胶元件。

（二）基础材料

新能源汽车动力电池正、负极材料，电解质材料，隔膜材料（如具有良好导电性、稳定性的正极材料。制备高安全性、高稳定性、循环性能好的金属合金负极。开发高电导、宽电化学窗口和高热稳定性的新型液态电解质、聚合物固体电解质和无机硫化物固体电解质等）。轻量化复合材料/混合材料、电机用硅钢和永磁材料、特种橡胶、高强度钢、锡代钼球墨铸铁、铝镁合金材料、高端弹簧钢、低摩擦材料与技术、新型耐高温活塞材料、轻质树脂基阻尼材料、轻型低成本耐高温高可靠性塑料、摩擦片材料、变截面少片钢板弹簧等新材料和新结构、铝硼合金材料、低密度 PVC 胶、双组分聚氨酯发泡胶。微发泡汽车轻量化模具、高强度板热冲压模具。780MPa 及以上超高强度钢、车用复合材料、车用橡胶技术。

（三）基础工艺

异种轻量化材料连接工艺、复合材料构件成形制造工艺、铝及镁合金液压和冷弯等紧密塑性成形工艺、超高强度钢塑性成形工艺、汽车件近净成形制造工艺、精密激光加工工艺、高功率密度电机扁铜线应用工艺、激光连接工艺、超高强度钢热成形冲压工艺、铝合金热成形和温成形工艺、高精度铝合金冲压工艺、水性漆 B1B2 涂装工艺。

（四）产业技术基础公共服务平台

节能与新能源汽车电池碰撞安全性测试服务平台、节能与新能源关键零部件测试服务平台、节能与新能源汽车混合动力技术创新平台、汽车气动-声学性能开发和试验检测技术基础公共服务平台、内燃机低摩擦技术工程化应用服务平台、内燃机电子控制模块化系统服务平台。基于用户出行的行驶数据采集和服务平台，基于用户充电数据采集和服务平台，自动驾驶测试与示范平台。充换电基础设施关键升级设备和运营平台；制氢、运氢、储氢及加氢基础设施平台。

三、智能制造和工业互联网

开展智慧工厂技术在汽车整车及电控制动上的集成应用；加快轻型高端柴油机智慧工厂建设；实现具有辅助驾驶功能的智能网联汽车产业化；实现具有自动驾驶功能智能网联汽车产品化。

建立智能交通网络平台系统，包括智能交通监控与引导系统、运营车辆调度及监控管理系统、数字化路网管理系统。

开展大批量个性化、可重构的智能制造模式研究、数字孪生仿真平台的建设应用、制造大数据、物联网平台、自适应控制技术、制造平台化技术、工艺过程参数实时控制、设备预测性维护、远程诊断服务及可视化在线支持，以及边缘智能化等技术研究。

鼓励汽车行业生产线，针对传统设备生产线及管理系统的改造，提升产品制造质量，降低生产线建设成本。

利用 5G、TSN、工业无线、边缘计算等新型网络技术开展个性化定制、设计协同、供应协同、预测性维护等基于工业互联网网络的新业态与新模式。

面向汽车行业建设工业互联网标识解析二级节点，支持建立工业互联网标识解析采集系统，开展产品全生命周期管理、产品追溯等工业互联网标识解析应用。

建立汽车行业工业互联网平台，打通行业全要素、全产业链和全价值链的全面连接，支持数字化管理、网络化协同、服务化延伸、智能化生产及产融结合等新模式发展。

充分利用云计算、大数据、人工智能等新技术，针对车辆智能驾驶、指挥导航等场景，建立车辆自动驾驶系统可信性评估平台、基于车联网的车辆安全智能驾驶等平台，确保可信、安全、智能的车辆自动驾驶、导航和通行。

四、绿色制造

（一）绿色制造

汽车整车涂装废气 VOC 清洁净技术规模化应用。汽车整车焊装节能减排技术规模化应用。动力电池梯次利用和再生利用产业化。报废汽车绿色智能精细拆解与高效分选回收。热固性塑料及复合材料低成本回收技术。节能减排铸造、锻造技术提升规模化应用。汽车制造全寿命能耗及排放评估标准、数据统计与改善技术。

（二）安全生产

动力电池组装、运输、存储安全技术规范制定及检测设备开发；在线检测与防错装置；冲压设备安全防护装置；乙炔等易燃易爆气体泄漏监测报警与应急处置装置；喷漆车间安全监控与职业卫生防护设备设施，涂装 VOCs 治理。

五、质量提升

（一）高端装备

新能源汽车全新底盘、动力总成、汽车电子等产品；整车控制系统，电池管理系统，电驱动系统；低能耗电动空调系统、电制动系统、电动转向；48 伏怠速起停系统；先进混合动力专用发动机、插电式混合动力机电耦合驱动系统；先进混合动力起动发电一体机；高功率充电系统、无线充电系统；充电站（桩）及换电站装备；高能效锂离子电池；新型高比能量三元类电池；燃料电池。

新能源汽车整车及关键零部件测试评价技术平台。动力电池及关键材料自动化生产设备。驱动电机用旋转变压器。混合动力汽车关键系统及零部件产业化。

（二）公共检测环境

汽车低风阻设计技术应用。传统汽车节能、性能测试，产品一致性、安全性等方面的第三方检测验证环境建设，包括汽车底盘测试、噪声与振动（NVH）测试、碰撞安全试验、电磁兼容（EMC）测试、结构动态测试、排放测试分析、动力总成动态试验、开发对标数据库等。乘用车动力总成测试平台及测试规范。动力电池系统测试。汽车风洞试验室。

（三）整机产品

电控机械自动变速箱、双离合器自动变速器（DCT）、无级变速器（CVT）、8 档及以上自动变速器差速器总成、汽车变速箱用单向离合器、应用电子离合器的手动变速器。轿车动力总成及传动系统旋转密封产品。汽车发电机单向滑轮总成。高集成度的多合一电驱动总成。

（四）汽车零部件

高密度、高强度、高精度汽车粉末冶金零件。高性能汽车铸件：缸体、缸盖、曲轴等。蠕墨铸铁、等温淬火球铁（ADI）、非铁合金铸件等。新能源驱动系统用铸件：电机、电控、减速器壳体，总成产品壳体。轴承产品：轿车轮毂轴承单元，轿车变速箱轴承，汽车用柔性轴承，汽车转向系统轴承与滚珠丝母集成单元，汽车蜗轮增压器轴承，重型汽车下推力杆用向心关节轴承，汽车 ABS 偏心圈轴承单元，长寿命水泵轴连轴承，载重汽车轮毂轴承单元，轿车第三、四代轮毂轴承关键零件自动锻造单元。铝合金传动轴；低地板大型客车专用车桥、空气悬架；吸能式转向系统；低泄露电磁阀；直喷喷油器。

（五）智能控制产品

汽车电控系统及设备，发动机控制系统（ECU）、变速箱控制系统（TCU）、动力总成控制系统（PCU）、制动防抱死系统（ABS）、智能驾驶域控制系统、车道偏离预警系统（LDW）、车道保持系统（LKA）、智能车联 V2X 域控制系统、智能车联通信模块、汽车数据智能处理系统、汽车多传感器融合控制系统、汽车智能高精定位导航系统、汽车自动巡航系统、智能泊车系统、牵引力控制系统（ASR）、电子稳定控制系统（ESC）、车身控制模块（BCM）、主动减振系统、网络总线控制系统、车载故障诊断仪（OBD）、多域控制器、电控智能悬架、电子驻车系统、自动避撞系统、电子油门、车用功率器件、随动前照灯系统、电涡流缓速器、大中型客车变频空调、LED 车灯。汽车用微控制器芯片、汽车座舱域控制系统、车内感知单元、车对车与车对物通信模块（V2V，V2X）、车身总线通信芯片、车用传感器与模块产业化。镶嵌式车载信息智能单元及系统。车载智能互联 TBOX 系统。车载人工智能系统（AI）。

（六）节能与新能源汽车新材料

开展高安全性、高能量、密度低成本三元电池材料研究，开展高容量储氢材料、质子交换膜燃料电池及防护材料研究，实现先进电池材料合理配套。开展新型 6000 系、5000 系铝合金薄板产业化制备技术攻关，满足深冲件制造标准要求，开展高强度 7000 系铝合金挤压型材技术攻关，开展 1000MPa 以上汽车冷冲压钢板、1800MPa 热冲压钢板、1300MPa 等截面及 3D 辊压技术、铝合金高真空压铸、半固态及粉末冶金成形零件产业化及批量应用研究，加快镁合金、稀土镁（铝）合金在汽车仪表盘及座椅骨架、轮毂等领域应用，提高大丝束碳纤维性能及质量一致性，开展长玻纤增强热塑性复合材料、连续玻纤增强热塑性复合材料、碳纤维增强热塑性复合材料零部件产业化及批量应用研究，扩展高性能复合材料应用范围，支撑汽车轻量化发展。

六、服务型制造和技术改造服务体系

鼓励汽车行业服务型制造不断创新业态与模式，支持促进汽车行业服务型制造中关键技术的科技成果转化与应用。通过加大对汽车行业的基础信息技术投资，如大数据、云计算、人工智能、物联网、5G 等，不断提升汽车行业服务化水平。

鼓励汽车行业建立设计资源数据库、成果展示库、工程实验室等公共服务平台建设；鼓励汽车及周边企业研发设计工具和软件，结合具体应用，丰富基础零部件代码库，研发、推广工业 App 应用，运用新材料、新技术新工艺推进关键领域设计突破。推动汽车行业关键零部件、新能源汽车动力电池和充电系统设计，动力电池回收利用系统设计，乘用车及冷链物流车、消防车等专用汽车设计等。

鼓励汽车行业有关企业联合建设制造资源信息共享平台，推动闲置资源信息共享和对接，突破资源约束和空间约束，平衡供需匹配。鼓励有条件的企业建设共享制造工厂，共同使用生产设备、工厂生产线、办公空间、工人等资源，推动平台接单、订单共享、协同生产，推动制造资源、制造能力和服务能力开放共享，实现企业间协同和社会制造资源广泛共享。

引导汽车制造业企业实施从需求分析到淘汰报废或回收再处置的产品全生命周期管理，发展专业化服务体系，开展远程在线监测/诊断、健康状况分析、远程维护、故障处理等质保服务。支持汽车行业开展产品回收及再制造、再利用等绿色环保服务，建设再制造旧件溯源及产品追踪信息系统，建立产品信息质量反馈机制，促进再制造产业规范发展。支持产业界、科研院所联合研发先进表面工程技术、再制造修复技术、再制造零部件剩余寿命评估技术、再制造质量控制与虚拟检测技术等再制造技术群。推动完善汽车行业再制造工艺技术标准、质量检测标准、产品认证标准，建立系统、完善的再制造国家标准体系。

鼓励汽车行业利用软件和信息通信技术开展信息增值服务，创新服务模式，提升服务效率，提高产品附加值；拓展生产领域增值服务，开展个性化定制服务，研发设计具备个性设定和动态更新功能的产品。鼓励汽车制造企业加快产品、装备的智能互联升级，面向行业与用户使用场景研发软硬件一体化的产品系统，拓展融合“硬件+平台+软件”的一体化解决方案，创新高附加值服务，鼓励企业从单纯硬件竞争向应用服务竞争转变，增强客户黏性。开展故障预警、远程维护、质量诊断、远程过程优化等在线支持和数字内容增值服务。创新按服务计费模式，健全产品营销服务体系。发挥公共服务平台、产业联盟的作用，引导中小企业开展产品全生命周期服务。发展面向制造全过程的计量检测等服务，完善公共服务平台功能。

鼓励汽车行业不断创新模式，加快服务型制造发展，提升利润空间，如提供租赁、物流运输等服务，推广按服务计费模式；拓展配套金融业务，以核心企业为中心向产业链上下游企业延伸，提供金融服务等。利用并发挥服务型制造示范企业优势资源与作用，研究分析可应用于汽车行业的典型经验，总结推广经典案例与方法，以点带面促进全行业企业转型升级。

第四章　船舶行业

一、创新平台

依托海洋油气矿产勘探开采和海洋养殖企业、装备制造企业、科研机构、专业机构等联合组建海洋工程装备创新联盟，建立国家级深海试验、检测平台，支持第三方检测认证机构，建立和完善海洋工程通用系统和设备、专用系统和设备，以及关键部件的检测试验设施，加强相关系统和设备技术标准和规范研究、制定，建立数据服务平台。

支持船舶产品原始创新和建造示范项目，符合最新公约、标准和规范要求的绿色环保型主力船舶、豪华邮轮、豪华客滚船、大型汽车滚装船、极地运输船、海底光缆铺缆船等高技术船舶、智能化船舶。支持海洋工程装备创新示范，边际油田自安装采油平台、大型自升式钻井平台、半潜式钻井平台、浮式钻井装备、多功能海洋工程船舶、半潜运输船、物探船和潜水作业支持船等。支持特种海洋资源开发装备、海洋牧场装备创新示范。支持高技术船舶与海洋工程装备关键配套设备创新示范。

建设深海试验场、水下系统和设备虚拟仿真装配和维护平台、水下生产系统试验井等设施，满足海洋工程装备试验验证需要。

二、基础能力

（一）基础零部件（元器件）

齿轮、密封件、船用燃料电池、EGR 系统、SCR 装置、RV 减速器、电子调速器、薄壁轴瓦、大型及新型推进装置、单点系泊系统、动力定位系统、深海锚泊系统、海洋钻机模块、水下井口装置、AIS 核心芯片、潜式“星-潜”通信中继浮标、具备信息组网能力的海洋综合环境测量浮标、小型海洋空间立体信息综合处理终端、磁控管、水下采油树系统和水下控制模块、水下连接器、水下阀门、水下脐带缆、水下声学定位系统产品、全回转舵桨装置、深海高效矿石切割钻头、海洋温差能大深度海水提升泵、超大型浮体高承载连接器、岛礁海域超大型浮体复合系泊系统、雷达前端信号处理模块、雷达回波视频信号压缩传输模块、尾气后处理复合（IEGCS）装置、紧凑型能量利用与消声（I-EUS）装置。

（二）基础材料

高性能海工钢、镍钢配套焊接材料、COT 船用耐腐蚀钢焊接材料、水下焊接材料、海洋工程用 Q690 大厚板配套焊接材料、海洋工程用高效无缝药芯焊丝、低温材料（极地船用低温极端环境用钢）、降低船体摩擦阻力涂料、船用低含量/无挥发性有机物（VOCs）涂料、透声材料、金属复合材料、超级双相钢材料、水下非金属密封材料、深水平台专用钢材、柔性立管复合材料、高性能深水阳极材料、深海装备高强高韧易焊钛合金材料、深海矿石切割头材料、水下履带用复合材料。

（三）基础工艺和技术

激光复合焊接工艺、增材制造工艺、高精度激光焊接工艺，舰船用燃气轮机薄壁、异型等关键零部件精密加工与焊接工艺，船用发动机智能化电控系统精密制造与检测技术，双燃料低速船用发动机试车系统，大型海洋风电叶片全尺寸静动态测试技术，薄壁小径管爬波超声检测技术，船用发动机智能化电控系统精密制造与检测技术，大型船用锻件的低成本、长寿命制造技术，基于大数据的高技术全波质量与可靠性信息收集分析平台。

三、智能制造和工业互联网

重点突破总体、设计、工艺、管控和决策等关键技术，攻克船体零件智能理料、船体零件自由边智能打磨、小组立智能焊接、中组立智能焊接、分段外板智能喷涂、管件智能加工等船舶智能制造短板装备。

选择骨干企业，重点围绕切割、加工成形、装配、焊接、除锈涂装工序，形成型材加工、板材加工、分段喷砂除锈、分段涂装，以及 VOC 处理等智能制造单元，建成型材切割、小组立、中组立、平面分段、管子加工、构件自由边打磨等船舶中间产品智能生产线，以及分段制造、管子加工、分段涂装等船舶智能化车间。

结合船舶工业特点，构建船舶智能制造标准体系。

构建面向船舶生产全过程、全业务链的网络化协同体系，开展船舶工业企业供应链协同应用。面向船舶行业建设工业互联网标识解析二级节点，支持建立工业互联网标识解析采集系统，开展产品全生命周期管理、产品追溯等工业互联网标识解析应用。

建立船舶行业工业互联网平台，打通行业全要素、全产业链和全价值链的全面连接，支持数字化管理、网络化协同、服务化延伸、智能化生产及产融结合等新模式发展。

针对船舶总装、配套设备制造和航运智能化运营，构建工业互联网安全综合防护体系，应用到主流船舶、豪华游船、大型汽车滚装船等高技术智能化船舶及数字化船坞等场景，形成船舶行业企业纵深防御体系和安全综合防护、监管能力，确保船舶行业企业具备主机、设备、网络、数据等安全防护能力。

四、绿色制造

（一）绿色制造

1. 节能环保绿色装备。岛礁海水淡化工程、岛礁空气取水系统、岛礁生活污水处理及中水回用系统、岛礁固体垃圾处理系统。

2. 绿色加工工艺技术。数字化板材/管材/型材冷弯成形，净成形制造，虚拟现实技术与敏捷制造，搅拌摩擦焊、电子束焊和激光焊等高效焊接技术，区域化涂装环保作业等绿色涂装工艺。报废船舶绿色智能精细拆解与高效分选回收。

3. 节能环保管理技术。开展动能统筹优化配供技术、焊接设备生产过程网络化集群监控技术等研究应用。

（二）安全生产

海洋工程平台火灾安全评价系统、LNG 货物仓焊接综合控制安全管理系统、易燃易爆气体监测系统；焊接、涂装作业防护设备设施等。

五、质量提升

（一）核心设备

1. 船舶配套装备。电力推进船用燃料电池、LNG 罐式集装箱专用运输船配套系统、智能环保型船用中/低/高速柴油机、LNG 船用双燃料低/中/高速柴油机、纯气体燃料低/中/高速柴油机；高压共轨燃油喷射系统、智能化电控系统、单级或两级超高压比增压器、EGR 系统、SCR 装置等柴油机关键部件；喷水推进系统、全回转舵桨系统、一体化推进器、动力定位系统、永磁推进电机、高端船用发电机、船舶电站、电力推进装置等动力传动装置；电动克令吊、甲板拖带系统等大型、高端甲板机械及关键部件；自有品牌货油泵、焚烧炉、分离机、污水处理装置、海水淡化装置，遥控阀门、压载水处理装置等舱室设备；海上船舶无线通信网络、连续波固态雷达、新一代自有品牌综合船桥系统、符合 IMO 规范的船用导航雷达系统等通信导航和自动化系统。

2. 海洋工程关键设备与系统。海上高精度地震勘探系统，深海锚泊系统，内转塔、单/多点系泊，动力定位系统，海洋平台甲板机械，海洋平台控制系统，海洋平台电站，大型海上发电用内燃机/双燃料燃气轮机/天然气压储机，分油机，压载泵，深水钻机（钻井包）/修井机，自升式平台钻井系统，钻井/生产隔水管，自升式平台升降/锁紧/滑移系统，海洋观测/监测仪器设备，板翅式换热器，超低温特种电机，深海通用基础件，深海探测/识别和预警装备，深海装备公共试验/检测平台，反渗透海水淡化膜组器、能量回收装置、膜压力容器、海水高压泵及海水高压循环增压泵和蒸馏法海水淡化核心部件、中空纤维超滤组件、LNG 气化及冷能利用系统等。

3. 水下系统和作业装备。水下管汇和井口头，水下采油树，水下防喷器，水下成橇化生产装置，水下抽油设备，水下集输管汇系统，水下设施应急维修设备，钛合金隔水管，输液旋转接头，应急减灾和消防设备，ROV/AUV 和多功能水下机械手，载人深潜器，海底管线切割/焊接设备，大深度/高耐压测井仪器，海底挖沟机，海底管线检测和维修设备等。

（二）高技术船舶和海洋工程装备

1. 高技术船舶。主要包括极地运输船、豪华邮轮、豪华客滚船、液化天然气船等高技术船舶研发、设计、建造、试验等。

2. 海洋工程装备。主要包括海洋油气资源勘探开采工程装备及深海养殖工程装备研发、设计、建造、试验、检测、鉴定与标准化技术；深海空间站、大型浮式结构物开发与建设等。

3. 配套设备。舰船系统与配套设备集成化、模块化技术，主要是高技术船舶与海洋工程装备重点配套设备集成化、智能化、模块化设计制造技术。

（三）船舶新材料

海洋工程装备及高技术船舶用材料。以高强、特厚为主要方向，开展齿条钢特厚板（大于 180mm）、大壁厚半弦管（最大壁厚 85mm）、大规格无缝支撑管（最大ϕ400 mm×30mm）、钛合金油井管、X80 级深海隔水管材及焊材、大口径深海输送软管、CT70 级及以上连续油管、极地用低温钢、海底油气输送耐高压符合管材等开发及批量试制，完成在海洋工程平台上的应用验证。加快高止裂厚钢板（最大厚度 80mm）、450MPa 级高强度双相不锈钢宽厚板、船用殷瓦钢及专用高强度聚氨酯绝热材料产业化技术开发，实现在超大型集装箱船、LNG 船等高技术船舶上应用。

六、服务型制造和技术改造服务体系

开展工业设计服务，鼓励船舶企业运用新材料、新技术、新工艺推进关键领域设计突破，重点突破智能船、游轮等高技术船舶，深远海油气资源开发装备等海洋工程装备，以及核心配套系统、设备的关键设计。建立船舶行业共性技术研发平台，建立零部件配套加工中心、培训服务中心、研发创意中心、电子商务平台、物流及售后服务平台、知识产权交易平台、产品检验检测服务平台等，为产业链上下游提供整体解决方案。

建设以制造业企业为中心的网络化协同制造服务体系，鼓励船舶企业利用软件和信息通信技术开展信息增值服务，开展故障预警、远程维护、质量诊断、远程过程优化等在线支持和数字内容增值服务，创新服务模式，提升服务效率，提高产品附加值。支持软件和信息技术服务企业向制造业提供信息化解决方案。大力推动云制造服务。支持制造业企业、互联网企业、信息技术服务企业跨界联合，面向细分行业的研发设计、优化控制、设备管理、质量监控等提供云制造服务。鼓励中小企业采购使用工业云服务，承接专业制造业务，外包非核心业务。

支持船舶企业增强实力，取得资质，提供工程总承包、建设-移交（BT）、建设-运营-移交（BOT）、建设-拥有-运营（BOO）等多种服务，开展市场调研、产品设计、工程监理、工程施工、系统控制、运营维护等业务。

引导船舶企业通过设立金融租赁公司、融资租赁公司、租赁产业基金等方式，逐步发展船舶、设备租赁和融资租赁服务。支持企业与金融租赁公司、融资租赁公司加强合作，实现资源共享和优势互补。加强与海外施工企业合作，开展设备海外租赁业务。发挥财政资金杠杆作用，充分利用保险服务功能，落实首台（套）重大技术装备保险补偿机制。

利用并发挥服务型制造示范城市、各级示范企业优势资源与作用，研究分析典型经验，总结推广经典案例与方法，以点带面促进全行业、全区域的工业企业转型升级。

第五章 民用航空航天行业

一、创新平台

建立航空设备与系统创新中心，开展新型驾驶舱显示控制、四维航迹运行飞行管理、机载综合环境监视、机载无线电通信导航监视、光传飞控、多电作动器、基于多电/全电能源架构下机电核心产品的研发。开展航空科研试验重大基础设施、结构强度、飞行控制、电磁兼容、环境试验等计量测试和验证条件，以及试飞条件建设。构建综合化、通用化、智能化的通信、导航和控制系统，发展面向全面风险管控和多类空域融合运用的技术体系和装备，形成安全运营支撑平台。发展基于大数据应用的航空设计制造及运营保障新业态，强化大数据与网络信息安全保障。建立全国民航安全保卫信息综合应用平台、中国民航航空器追踪监控体系。建立航空大数据技术创新平台，面向民用航空装备研制与航空产业发展，开展大数据集成应用技术的研究和验证，实现数据资源向研制生产力的转化应用。

二、基础能力

（一）基础零部件（元器件）

提高航空基础元器件制造水平，显示组件、惯性器件、大功率电离器件、航空传感器、智能蒙皮微机电系统、紧固件和轴承、SoC/SiP 器件、微机电系统、激光陀螺仪、高精度/甚高精度星敏感器、超高效Ⅲ-Ⅴ族晶体太阳电池、薄膜砷化镓太阳电池、精密阀门、金属密封圈、滑环转动圈数、嵌套型 X 射线光学镜头、高效 PCU 电源控制器、宇航级新型功率 MOSFET、专用数模混合集成电路、大功率瞬态功率吸收二极管、SiC 大功率高 MOSFET（背照连续转移型四色、五色 TDICCD）、六维力传感器、旋转编码器、大飞机用液压密封件、民用航空发动机驱动液压泵、民用航空 EHA 用高速双向变量泵，高可靠伺服阀与作动器。

（二）基础材料

高强高韧轻质结构材料，高温结构材料，结构功能一体化材料，高性能碳纤维材料，PBO 纤维及其复合材料，高性能 Rusar 纤维及其复合材料，耐 650℃以上温度的高温钛合金材料，拉伸强度超过 1400MPa 的高强钛合金材料，变形高温合金、高性能聚合物纤维、高性能铝合金、镁基合金新材料和锂基新型金属合金材料，镍基下游高端合金及功能材料，航空用高品质钢材，富氧燃气通道耐高温抗冲刷涂层材料，高温合金离心轮粉末冶金材料，银锆铜材料，高质量铜合金粉末材料，热防护材料，玻璃空心微球、超导炭黑、高辐射涂层粉体原材料，电弧沉积专用铱钯材，超高吸收率消光漆，富锂多元锰极正极材料，高性能硅基复合负极材料，高压绝缘灌封材料。

（三）先进基础工艺

航空发动机整体叶盘制造工艺，宽弦风扇叶片制造工艺，单晶涡轮叶片制造工艺，高性能燃烧室制造工艺，整体叶盘结构修复技术，抗疲劳制造工艺，发动机热端部件表面预处理技术，抗氧化黏结层制备技术，高熔点、耐冲刷面层制备技术，异形件涂层均匀化制备技术，复合材料构件塑性制造工艺，高温高强钢塑性制造工艺，复杂构件整体成形工艺，大型火箭固液推进剂安全连续装药技术，航天产品无重力自动化装配技术，高可靠性焊接技术，精密高效塑性成形工艺，复杂结构零件性能及变形控制热处理工艺，清洁热处理表层硬化工艺，绿色高效真空热处理技术，等离子喷涂及注入技术，激光及电子束表面改性技术，激光粉末烧结成形工艺，高能束流增材制造工艺，增材制造用高性能金属粉末制备工艺。高可靠核心电子设备、高可靠伺服阀与作动器、旋转机械部件、密封部件等零部件制造工艺，航空航天用高性能纸基复合材料制备技术。

（四）产业技术基础

1. 关键航空设备认证和监测。民机航空产品适航性设计能力和符合性验证能力建设。健康监测系统体系架构、技术规范和适航技术、新型状态监测传感器、综合故障监测及健康管理、系统评估及验证。关键适航技术能力建设，适航审定条件及验证条件建设，完善运输类飞机等各类航空产品的适航审定政策，建成具有完善组织机构、充足人力资源、健全规章体系、先进硬件设施和较强国际合作能力的适航审定体系。

2. 宇航材料可靠性验证评价评估平台。智能维护综合集成技术。健康监测与产品客户支援综合集成管理、飞机级/系统级和部件级综合健康管理模型、大数据分析、基于多种数据挖掘技术的飞机数据信息策略等软硬件系统。

3. 突破重大工程技术及基础科学研究。飞机先进总体布局技术、高精度气动力设计及验证技术、复合材料结构应用技术、先进飞行控制技术、高效发动机研制技术、节能减排降噪技术、航空设备及系统集成技术、运营支持技术等。先进空气动力学、热动力学、固体力学、飞行力学、人机工效学、声学、推进技术、信息控制、新能源、新材料等航空基础科学技术。

（五）基础设施和能力

重点发展总体设计、系统集成、设计与试验等核心能力。

1. 研发能力和科研试验设施建设。航空设备和系统研发平台，专业化生产线和快速响应试制线，高品质试验风洞，强度试验和试飞设施，发动机试验台。

2. 适航基础条件建设。适航技术研究、人才培训和试验试飞验证条件建设，满足特殊气象和环境需求的试飞机场和试验设施，并与周边民用运输机场的正常运行相协调。适航审定能力建设。

3. 技术基础条件建设。材料考核、标准件检验、计量测试、质量检测、可靠性试验、环境试验等条件建设，特别是航空发动机科研保障基础条件建设。

三、智能制造和工业互联网

基于全生命周期管理（PLM）的航空、航天产品研制中适合数字化特点的建模及其标准，研究产品数字化和智能化设计制造技术及平台建设；增材制造（3D打印）技术应用，针对各类飞行器平台和发动机大型、复杂结构件，推进激光直接沉积、电子束熔丝成形技术在钛合金框、梁、肋、唇口、整体叶盘、机匣及超高强度钢起落架构件等承力结构件上的应用，推进激光、电子束选区熔化技术在防护格栅、燃油喷嘴、涡轮叶片上的示范应用，加强增材制造技术用于钛合金框、整体叶盘关键结构修理的验证研究；智能车间/工厂的集成创新与应用示范，推进数字化设计、装备智能化升级、工艺流程优化、精益生产、可视化管理、质量控制与溯源、智能物流等试点应用，推动全业务流程智能化整合；基于模型的产品全三维数字化设计（MBD），基于数字化装配仿真的装配工装定义、数控制造、过程管理、检测（验），制造过程的综合仿真装配协调及全机构型管理及其集成；多学科仿真与试验分析。

深化航空制造与互联网融合发展，加快构建航空工业互联网体系，基于信息化与工业化深度融合的网络化异地协同智能制造。数字化柔性装配生产线、可重构伺服驱动工装、基于整机的容差分配、高效高精度自动制孔、机器人智能装配、多功能末端执行器和装配系统集成。面向全球市场基于物联网的数字化综合后勤服务保障、快速支持和持续采办技术；基于虚拟试飞网络平台的异地多场试飞资源管理与调度模型；基于模型数字化定义的“虚拟铁鸟”工程化项目技术的发展应用。航空发动机关键件再制造技术创新与产业化应用。航空发动机压气机转子叶片（整体叶盘）、定向柱晶涡轮转子和静子叶片、定向单晶涡轮转子和静子叶片、定向金属间化合物涡轮静子叶片，以及大型薄壁机匣等关键件再制造技术创新与产业化应用。智能无人机。构建航空智能制造标准体系框架，建设航空智能制造标准验证平台，开展民用航空智能设计、智能工艺、智能生产、智能服务等新模式和相关标准的研究验证工作；构建民用航空数字孪生、物联网、VR/AR应用、CPS 应用等技术测试平台，验证相关技术应用的可行性并支撑相关标准的研究制定工作。

鼓励以 5G、工业以太网、TSN、边缘计算、工业无线等构建的新型生产现场网络建设，支撑航空航天高质量高效益制造和网络化应用。面向民用航空航天行业建设工业互联网标识解析二级节点，支持建立工业互联网标识解析采集系统，开展产品全生命周期管理、产品追溯等工业互联网标识解析应用。建立民用航空航天行业工业互联网平台，打通行业全要素、全产业链和全价值链的全面连接，支持数字化管理、网络化协同、服务化延伸、智能化生产及产融结合等新模式发展。

开展航空航天企业工业互联网安全综合防护，实现工业企业网络出口、信息内外网边界、数据传输边界等各网络边界的安全监测，打通航空航天企业网络安全横向分析通道，形成企业网络安全数据分析能力及安全平台运营服务能力，从全局视角提升威胁发现、理解分析、响应处置能力。

四、绿色制造

纤维增强复合材料结构和钛、铝等轻质合金。壁板类复材结构自动铺放（铺带、丝束铺放）、主结构自动三维编织、液体成形（RTM、RFI、树脂注入等）、高效自适应数控加工、轻质结构高效塑性加工、轻质结构高能束流增材制造、轻质整体构件高品质焊接等生产线及设备。低污染燃烧室设计技术、高效率风扇和压气机研制技术及新型动力形式。航空发动机、燃气轮机关键件再制造技术，增材制造、智能加工及无损检测技术。

五、质量提升

（一）高端装备

1. 民用航空。稳步有序推进大型飞机、航空发动机及燃气轮机等专项及重大工程，鼓励国际合作开展航空新技术研究及高端装备研制；推进干线/支线飞机（涡扇及涡桨）、直升机、多用途飞机、特种飞机、新构型飞机、工业及民用无人机和通用飞机产业化。完成大型客机研制及适航取证并交付客户，突破核心技术并提高系统集成能力，加强大型飞机供应链及产业配套能力，加快新型支线飞机工程研制和系列化改进改型。突破高推重比、先进涡桨（轴）发动机及大涵道比涡扇发动机技术，支撑干线飞机发展及满足直升机和中型运输机动力需求，建立发动机制造工业体系。开发先进机载设备及系统，形成完整的航空产业链。鼓励发展使用重油的活塞式发动机和应用航空生物燃料的涡轮发动机，推进小型发动机市场化应用。鼓励氢燃料、全电、组合动力等新型发动机关键技术研究。超音速商务机、新概念新构型总体气动技术、先进高可靠性机电技术、新一代航空电子系统、航空新材料及新型复合材料加工技术。

2. 民用航天。发展新一代运载火箭、重型运载器，提升进入空间能力。发展新型卫星等空间平台与有效载荷、空天地宽带互联网系统。推动载人航天、月球探测工程，适度发展深空探测。推进航天技术转化与空间技术应用。

（二）民机整机和系统

干线飞机、支线飞机研发及配套产业化。通用飞机（含直升机）及配套产业化。无人机研发及配套产业化。燃气轮机产业化。推进民机航电、机电、飞控、起落架、轴承等产业化。加快建设一批专业化数字化示范工厂，显著提高航空产品制造质量稳定性和生产效率。发展高可靠性、长寿命、环境适应性强、标准化、低成本的航空设备和系统，实现适航取证。航空零部件转包生产能力建设，国际风险合作研制民用航空产品能力建设。加快提升空管宽带数据通信、C 波段和 Ku 波段卫星通信、导航系统、雷达管制等技术，发展空管自动化系统、应急系统、数字化空管系统、空中交通流量管理系统、进离港排序系统、模拟训练系统、民航安全绩效分析系统、飞行标准监督管理系统、无线飞行品质监控系统、机场安全监管平台等装备。基于性能导航飞行程序（PBN）、电子飞行包（EFB）、平视显示器（HUD）、自动相关监视广播系统（ADS-B）、地基增强系统（GBAS）、地空数据链、协同决策系统（CDM），机场跑道拦阻系统、飞机地空宽带系统、航空系统组块（ASBU）等。多星座、多频率卫星导航信号地基完好性监测评估和信号增强系统、航空气象与航空情报新技术、航空数值预报技术、航空气象四维数据库，基于航空情报交换模型建立航空资料数据库。推动“北斗”系统在通用航空、飞行运行监视和机载导航系统等方面的应用。时间敏感网络（TSN）交换机、工业互联网网关。无人机用导航装置，实现航空应用远程监测与避碰。

（三）民机主结构和部件关键制造

满足适航要求的民机整机集成、民机大舱门、高可靠性/长寿命/智能控制民机起落架结构、大型整体化复合材料主结构、新型轻质合金整体化结构。安静高效旋翼、旋翼流体控制、旋翼气动/结构耦合、大尺寸长寿命旋翼结构、旋翼/尾梁电动折叠凳。高效率、长寿命民用航空动力叶轮机系统，低噪声风扇、高速螺旋桨/桨扇、高效高压比压缩系统、长寿命/高效率涡轮、高效率/变速动力/低压涡轮。民用航空动力低污染、长寿命/高性能燃烧室。高可靠民用航空动力传输系统，直升机传动系统、附件传动、涡桨发动机减速器、齿轮风扇发动机减速器、对转共轴涡桨发动机减速器等。

（四）民机运营服务保障系统

加快新机型先锋用户示范运营和设计优化，提高飞机航线适应性和竞争力。提高民机经济性、可靠性，建立满足客户需要的客户服务体系。发展空中飞行管理、新航行系统、通用航空导航监控系统和设备、飞行培训、客户服务、快速检测、保养维修和机场保障设备，发展灭火、喷洒、起吊、投放、救援、救生、监测、遥感、照相等特种任务系统和设备。推进构建国际风险合作伙伴关系，建成功能完备和航空产业配套体系。开展新型民用飞机示范运营和市场推广，建立具有市场竞争力的产品保障和客户服务体系。

发展数字化维修与智能维护、可视化及快速供应保障、维修保障设备及其适航性、客户化的可穿戴机务维修、基于地理信息系统（GIS）的民机综合保障等软硬件。航空制造与运营服务协调发展，发展航空租赁，利用互联网技术建立先进航空运营体系，促进服务模式创新。

（五）民用航天技术和产品

发展低成本快速响应运载火箭及可重复使用天地往返运输系统；发展以民用船舶为发射平台的海上航天发射；发展重型运载火箭总体和460吨级液氧煤油发动机、220吨级氢氧发动机。对地观测卫星系统，通信广播卫星系统，空间科学与技术试验卫星，低轨宽带卫星互联网系统，卫星地面资源。卫星导航包括北斗卫星接收、多卫星系统融合、卫星导航、精密卫星授时和卫星通信关键技术研究，推进多系统兼容的北斗卫星接收机终端的模块化、小型化和芯片化。卫星通信在军民领域的应用，以及应用服务于交通、海洋渔业、救援减灾、资源调查等的遥感数据处理技术和支撑平台；卫星通信产品产业化，包括卫星通信车、便携站、天线等。空间生物领域包括生物医药、生物保健品、航天工程育种等空间环境应用产品及其产业化。卫星综合应用与商业航天发展。衍生发展节能环保装备，包括太阳能集热器/集热管、智能水处理、热控产品等；真空装备及衍生品，包括真空改性、低温储运及镀膜等产品。

（六）民用航天应用及特种装备

1. 卫星应用领域。卫星导航产品，以北斗系统为主多系统兼容的处理芯片、导航卫星应用终端；卫星通信产品，包括卫星通信车、便携站、天线等；遥感数据应用，服务于交通、海洋渔业、救援减灾、资源调查等的遥感数据处理技术和支撑平台。

2. 空间站应用领域。空间站科学实（试）验与应用，开展航天医学，空间生命科学与生物科学技术，微重力流体物理与燃烧科学，空间材料科学，空间天文和应用新技术。

3. 特种装备领域。节能环保装备，包括太阳能集热器/集热管、智能水处理、热控产品等；真空装备及衍生品，包括真空改性、低温储运及镀膜等产品；特种材料制品，包括复合材料制品、钛合金及高温合金紧固件、钢铝复合轨等。空间生物领域，包括生物医药、生物保健品、航天工程育种等空间环境应用产品。

（七）航空航天装备材料

提高航空材料制造水平，掌握铝锂合金及复合材料等加工制造核心技术。加快高强铝合金纯净化冶炼与凝固技术研究，开展高温、高强、大规格钛合金材料熔炼及加工技术研究，突破超高强高韧 7000 系铝合金预拉伸厚板及大规格型材、2000 系铝合金及铝锂合金板材工业化试制瓶颈，系统解决铝合金材料残余应力、关键工艺参数窗口控制范围优化、综合成品率与成本控制问题，提升新型轻合金材料整体工艺技术水平。加快特种稀土合金在航空航天中的应用。突破高强高模碳纤维产业化技术，开展大型复合材料结构件研究及应用测试。开展高温合金及复杂结构叶片材料设计及制造工艺攻关，完善高温合金技术体系及测试数据，解决高温合金叶片防护涂层技术，满足航空发动机应用需求。加快 3D 打印钛合金材料在航空结构件领域的应用验证。降低碳/碳、碳/陶复合材料生产成本，提高特种摩擦材料在航空制动领域的占有率。

低成本复合材料和损伤容限高、耐腐蚀好的高强度、超高强度铝合金、铝锂合金、钛合金及超高强度钢和不锈钢。时效成形铝合金、超塑性成形钛合金及非热压罐成形的新型树脂。针对民机发动机，发展 DD6 单晶涡轮叶片、FGH96 粉末涡轮盘、长寿命关键转动件用 GH4169 合金、长寿命钛合金大型整体精铸件、钛合金宽弦空心风扇叶片、单晶叶片用的涂层、Ti6242 钛合金整体叶盘、低膨胀 GH909 高温合金、第三代单晶高温合金、第三代粉末高温合金、复合材料风扇叶片、碳/碳复合结构材料、变形 TiAl 高压压气机叶片、陶瓷基复合材料浮动壁、高强高韧轴承齿轮钢等。符合适航要求的二代/三代单晶高温合金、二代/三代粉末高温合金、高温钛合金、高温合金/钛合金复杂结构精密铸件、热障涂层等。符合适航要求的减振降噪材料、橡胶密封及阻燃防火材料、无铬无镉绿色表面防护材料、内饰材料、座舱玻璃、润滑材料、轴承、液压管路材料。航空航天发动机 Ti-Zr 基、Pd-Ni 基、Mo 基和 Ni-Cr 基高温钎焊材料。发展特种材料制品，包括复合材料制品、钛合金及高温合金紧固件、钢铝复合轨等。

（八）航空质量标准体系

建设民用航空标准规范体系，发展大型试验设施和非标设备的测试和校准技术；推动企业建立质量技术体系，开展质量控制技术研究，建设环境和可靠性等质量保障的试验设施，完善质量管理制度；重点产品实施精品工程；发展质量认证、评估和审定等中介机构，建立航空事故分析研究机构，建立航空质量信息管理平台。

六、服务型制造和技术改造服务体系

在民用航空航天领域开展工业设计服务，鼓励重点实现飞机气动及结构、航空发动机、机械设备及系统运用新材料、新技术、新工艺等关键领域突破。

推动服务外包专业化、规模化、品牌化发展，在研发设计、能源管理、财务管理、人力资源管理等多个环节，广泛采用服务外包，加强与海外施工企业合作，开展设备海外租赁业务，服务“一带一路”建设。

支持制造业企业提升专业化服务水平，积极承接离岸和在岸服务外包业务，深度嵌入产业链运营管理。引导制造业企业实施从需求分析到淘汰报废或回收再处置的产品全部生命历程的产品全生命周期管理（PLM）。发展专业化服务体系，开展远程在线监测/诊断、健康状况分析、远程维护、故障处理等质保服务。

拓展总集成总承包服务领域。在新航空航天装备领域，支持企业增强实力，取得资质，提供工程总承包、建设-移交（BT）、建设-运营-移交（BOT）、建设-拥有-运营（BOO）等多种服务，开展市场调研、产品设计、工程监理、工程施工、系统控制、运营维护等业务。

发挥财政资金杠杆作用，充分利用保险服务功能，落实首台（套）重大技术装备保险补偿机制。支持承揽国际重大工程。围绕“一带一路”推进国际产能和装备合作，支持承包商走出国门，承接国际重大项目工程，由工程承包向标准技术输出、信息系统集成、交钥匙工程、系统解决方案等方向发展。

第六章　钢铁行业

一、创新平台

建立难采选铁矿资源高效开发技术研究基地、非高炉炼铁技术研究基地、高炉安全监测及长寿研究基地、高效低成本洁净钢冶炼研究基地、关键工序生产智能故障诊断及远程指导研究基地、球团炼铁技术研发基地、气基直接还原技术研发基地、智能化绿色化电炉研发基地、近终型制造技术研发基地；建设国家钢铁新材料制造业创新中心、绿色产品研发创新中心、应用环境材料创新中心、钢铁制造流程创新中心，高质量产品检验检测认证平台，绿色产品测试认证平台，钢铁新材料生产应用示范平台。

建设采选矿、铁前处理、炼铁、炼钢、轧钢各主要工序共性技术创新示范及智能化技术创新示范。建设关键钢铁材料的研究和实验设施，钢铁生产关键工序大数据中心。

二、基础能力

（一）先进基础工艺

铁矿悬浮磁化焙烧技术；钢铁生产全流程质量稳定控制的综合生产技术；炼铁生产操作可视化技术；纯净钢冶炼生产技术推广应用；钢铁生产自动化、信息化向智能化发展；大型关键冶金装备集成。

（二）产业技术基础公共服务平台

关键共性基础工艺平台建设。难采选铁矿高效开发利用技术平台建设。纯净钢冶炼技术示范平台建设，钢铁生产全流程质量稳定控制的综合生产技术。关键钢铁材料升级研发平台建设。钢铁生产智能化平台建设。炼铁生产远程诊断及操作指导系统，操作平台型高炉专家系统，智能精炼控制系统，板带轧制过程优化控制，全厂能源管理系统，环保排放与工艺结合的管控一体化系统。钢铁行业各主工序基础数据库平台建设。

三、智能制造和工业互联网

建设智能化示范工程。开展铁矿智慧矿山和智能选厂建设。建设高炉生产全生命周期可视化操作、远程诊断系统平台，高炉炉前作业自动化示范工程。实施轧钢全自动磨辊间改造示范工程，推动炼钢轧钢一体化智能制造示范。实施钢铁产品智能定制生产、配送，产成品物流智能化工程。加强钢铁生产过程和关键工序智能化。强化工序功能耦合匹配及各区段智能化调控技术。开展基于能量流网络模型的物质流与能量流智能协同调配技术应用示范。推动产品全流程质量在线监控诊断与优化技术应用示范。建设基于工业机器人等智能制造技术、装备的智能车间及智能工厂。

推进钢铁生产大数据平台建设与示范。开展钢铁行业工业互联网技术研发与应用示范，逐步推进铁前处理、炼铁、炼钢、轧钢各工序智能制造互联网基础平台建设；开展基于大数据平台的企业智能制造生产新模式示范，推进钢铁行业网络化协同制造服务、云服务、在线监测与诊断服务等平台建设；探索行业互联网新业态、新模式，推进智能化管理与服务，构建钢铁行业电子商务平台与服务系统等。

推动钢铁生产企业实施内网改造升级，实现质量在线判定、设备状态预测、高级优化排产、实时成本盈利预测等网络化应用。面向钢铁行业建设工业互联网标识解析二级节点，支持建立工业互联网标识解析采集系统，开展产品全生命周期管理、产品追溯等工业互联网标识解析应用。推动建立钢铁行业工业互联网平台，打通行业全要素、全产业链和全价值链的全面连接，支持数字化管理、网络化协同、服务化延伸、智能化生产及产融结合等新模式发展。

构建基于海量数据采集、汇聚、分析的服务体系，支撑钢铁行业工业互联网安全资源泛在连接、全面感知、动态传输、弹性供给、高效配置的工业互联网平台。提供各类云化工业互联网安全软件和新型工业互联网安全 App，开展面向钢铁行业场景的创新模式和创新应用，实现安全态势感知和监测预警能力。

四、绿色制造

（一）绿色制造

原料系统全封闭式改造。高温高压干熄焦技术，荒煤气显热回收利用技术，焦炉烟道气脱硫脱硝、焦炉烟尘治理、焦化废水深度处理回用、焦炉煤气高效脱硫、焦炉煤气高效利用、焦油化工产品深加工、脱硫废液制酸等技术。烧结烟气循环、烧结烟气硫、硝、二噁英等污染物综合治理技术，烧结余热回收利用技术。炼铁的热风炉用电优化技术，高炉出铁场、矿槽和炉顶等除尘技术，余能余压、高炉煤气、高炉渣显热利用等技术。炼钢的转炉煤气干法除尘、转炉煤气和蒸汽余热回收利用、含铁尘泥处理技术，电炉废钢预热、烟气余热回收利用技术，钢渣显热利用技术开发。轧钢的炉窑低热值烟气余热利用技术，轧机烟尘及油雾净化技术，冷轧污水处理技术，废酸再生技术。冶金固体废弃物综合利用，包括矿山尾矿、尘、泥、铁皮等综合利用，钒、钛、稀土等回收利用技术，废钢铁再生综合利用。铁合金的矿热炉烟气余热利用技术开发及产业化。工业废水、废酸、废油等循环利用技术与设备，生活污水资源化回收利用技术。控制 PM2.5 排放的高效除尘技术。低碳技术包括工业炉窑烟气碳捕集技术，高炉煤气分离与碳捕集技术开发研究，低碳冶金技术开发研究。能源利用包括煤炭清洁利用技术、新能源（风能、太阳能、生物质能、氢能等）及海水淡化技术在钢铁企业的应用，钢铁企业能源管控中心建设与推广，钢铁企业节能减排整体解决方案研究与应用。节水技术包括绿色循环水处理技术、低蒸发量循环水冷却技术、智能检漏技术的推广应用，定期开展水平衡测试。开发能够应用于钢铁行业的自动化高效解体、再制造表面工程、增材制造、零部件绿色清洗、再制造产品服务寿命评估、基于监测诊断的个性化设计和在役再制造关键技术及装备。建设绿色钢铁生产示范企业或园区。

（二）安全生产

冶金炉生产动态监测和安全预警系统；煤气回收、输送、存储安全监控系统；蒸汽回收、输送、存储安全监控系统；二氧化硫、一氧化碳等有毒气体监控系统；

危险废水和废渣回收、运输安全监控系统。

五、质量提升

（一）矿山、焦化和烧结球团

铁矿深部开采、露天转地下开采工艺，有效利用低品位、难处理及共伴生资源的选矿工艺；地下采选一体化开采工艺，有效利用低品位、难处理及共伴生资源的悬浮磁化焙烧、深度还原短流程熔炼等选冶联合新工艺。此外，还采用了煤调湿、配煤专家系统技术，非炼焦煤炼焦技术，厚料层低温烧结技术。

（二）炼铁、炼钢和轧钢

高炉布料系统优化技术、生产操作可视化技术、安全长寿综合技术、远程诊断及智能操作指导技术。中高磷铁水冶炼技术，高效低成本转炉洁净钢生产技术，工模具钢连铸工艺技术，超大断面特殊钢连铸坯料质量控制技术，中间包感应加热恒温技术，连铸坯热装热送技术，连铸坯感应加热技术。加热炉蓄热式燃烧、加热炉富氧燃烧等技术应用，大规格产品铸轧一体化技术，变厚度轧制技术，近终型轧制技术、复合轧制技术，无头和半无头轧制技术，薄带铸轧技术，大中型钢高精度轧制技术，新一代 TMCP 工艺技术。

（三）工艺技术与检测

铁合金、低品位锰矿冶炼铁合金的新工艺技术，纯净铁合金生产技术。炭素和耐火材料，冶金高温容器用长寿节能环保耐火材料生产技术。计量和检测，钢铁生产工况下精准、稳定自动计量技术，企业自动检测分析中心建设。

（四）建筑、海洋、交通、电力装备用钢

400MPa 及以上建筑钢筋和桥梁用中厚板、超高强度建筑用结构钢、高强不锈结构钢、耐火耐候建筑用钢、高强度冷弯矩形管。船舶和海洋工程用大厚度高止裂板、极地船舶 PC3-PC5 级船型用钢、LNG 船用殷瓦钢、海洋平台桩腿结构用高强钢、高强度双相不锈钢、大口径高品质特种合金管、3000 米海底油气用大壁厚

管线管。高铁轮对用钢、高铁用轴承钢、轨道客车转向架用钢、超高强汽车板、高性能齿轮钢、高品质轴承钢、铁道车辆车体材料用新型耐蚀钢、载重汽车用弹簧扁钢、飞机起落架用超高强大规格不锈钢棒材。第三代核电关键设备用材料、第三代核电反应堆安全壳用钢、高温合金、高能效配电变压器用取向硅钢。高性能桥梁钢、高性能球扁钢、高性能 LPG 容器用钢、化工用高端耐蚀合金宽厚板等。

（五）高品质工模具钢和其他高品质钢铁材料

高纯净度优质模具钢、高耐蚀耐磨镜面塑模钢、高韧高耐磨冷作模具钢，硬质合金刀具材料等。超纯净高强度切割钢丝用盘条、数控机床滚珠丝杠用钢、圆珠笔头用不锈钢。

（六）钢铁新材料

重点开发高性能、多功能、高品质特殊钢材料。超超临界火电用耐热钢铁材料，新型耐蚀钢、耐热钢及高温合金，高纯净度优质模具钢、高耐蚀耐磨镜面塑模钢、高韧高耐磨冷作模具钢，硬质合金刀具材料等。复合金属材料。

六、服务型制造和技术改造服务体系

推进钢铁企业由制造商向服务商转变。鼓励钢铁企业与下游用钢企业主动对接，围绕用户需求，结合先期研发介入、后期持续跟踪改进（EVI）模式，创新技术支持和售后服务，完善物流配送体系，提供材料推荐、后续加工使用方案等一系列延伸服务，创造和引领高端需求。支持企业重点推进高技术船舶、海洋工程装备、先进轨道交通、电力、航空航天、机械等领域重大技术装备所需高端钢材品种的研发和产业化，持续增加有效供给。

加快推进钢铁制造信息化、数字化与制造技术融合发展。支持钢铁企业完善基础自动化、生产过程控制、制造执行、企业管理四级信息化系统建设。支持有条件的钢铁企业建立大数据平台，在全制造工序中推广知识积累的数字化、网络化。支持钢铁企业在环境恶劣、安全风险大、操作一致性高等岗位实施机器人替代工程。

充分利用“互联网+”，鼓励优势企业探索搭建钢铁工业互联网平台。汇聚钢铁生产企业、下游用户、物流配送商、贸易商、科研院校、金融机构等各类资源，共同研发产品组织性能在线检测与精确预报技术、全流程工艺质量数据集成和质量在线综合评价技术、产品工艺质量参数采集与存储、追溯分析技术、产品质量交互分析与异常诊断技术、关键工艺装备智能故障诊断与维护大数据系统、钢铁产业供应链智能优化技术、协作制造企业信息集成技术等共性技术，提升钢铁生产效率。

支持有条件的钢铁企业在汽车、船舶、家电等重点行业，以互联网订单为基础，发展个性化定制生产模式，满足客户多品种、小批量的个性化需求。鼓励优势钢铁企业建设关键装备智能检测体系，开展故障预测、自动诊断系统等远程运维新服务。

支持钢铁企业实施合同能源管理。培育壮大钢铁行业专业节能服务公司力量，支持高耗能企业提供节能培训和节能诊断，实施合同能源管理项目，提供钢铁生产节能整体解决方案，提高能源利用效率，降低企业运营成本。

加快推广应用和全面普及先进适用及成熟可靠的节能环保工艺技术装备。全面完成烧结脱硫、干熄焦、高炉余压回收等改造，淘汰高炉煤气湿法除尘、转炉一次烟气传统湿法除尘等高耗水工艺装备。全面建成企业厂区主要污染物排放的环保在线监控体系。研发推广先进节能环保技术，开展焦炉和烧结烟气脱硫脱硝、综合污水回用深度脱盐等节能环保难点技术示范专项活动。在环境影响敏感区、环境承载力薄弱的钢铁产能集中区，加快实施封闭式环保原料场、烧结烟气深度净化等清洁生产技术改造。在钢铁产业集聚区，积极探索和实施物流集中铁路运输方案，系统优化物流体系，减少物流过程中无组织排放。

支持钢铁企业开展合同排污管理。培育壮大钢铁行业专业环保服务公司力量，开展减排减污专业诊断和培训，提供从产品设计、制造到分销、物流环节的环保整体解决方案，优化钢铁生产流程，减少废气废水废渣排放。

第七章　有色金属行业

一、创新平台

建立新材料技术研发平台，重点推进新材料中试、工程化及产业化共性工艺技术，开展材料性能测试、分析检测、表征评价等研究开发及重大应用。建设高性能复合材料创新中心、轻量化材料创新中心、极端环境材料创新中心、国家有色金属新材料制造业创新中心、舰载机及新一代先进战机和新型导弹火箭及航天飞行器综合性能轻质高强的结构材料创新中心等。

二、基础能力

电力电子器件及功率模块（大功率 IGBT）封装 DBC 基板用高纯铜箔。抗磁耐热薄型精密电子铜带。氧化铟锡化合物（ITO）靶材。高性能锂电池材料。特殊用途用大尺寸钛及钛合金铸件。汽车用铝合金板材。燃气轮机用新型封严涂层材料低热导率稀土改性热障涂层材料。高能含硼富燃料。高安全、高比能量、长寿命的多元正极材料。高性能稀土铝锂合金材料。高性能装联材料、铱及铂铑制品、高性能银基电接触材料、金基钎焊材料。LTCC 系列电子浆料、触摸屏及太阳能电池用导电银浆、柔性显示用纳米银线材料。新型催化前驱体材料、OLED 用高效铱磷光分子材料、新型铂类抗癌药物、精细化工用新型均相催化剂、工业用新型载体催化剂、国 VI 汽车催化剂及国 V 柴油车催化剂。贵金属高纯粉末材料，高纯溅射靶材、高纯蒸发材料。

三、智能制造和工业互联网

智能矿山主要开展矿山装备智能化、智能调度与控制系统、智能决策与分析服务平台等方向的技术创新工作。重点开发矿山生产管控一体化平台、无轨运输精细化管控系统、无轨装备智能化控制系统、井下装备防碰撞与安全预警系统、井下实时高精度定位与导航系统、井下装备故障预诊断系统、井下高带宽可靠通信系统、有轨运输全流程无人化作业系统、井下固定破碎设备无人化控制系统、井下生产过程实时调度系统、基于 AR 技术的矿山仿真与安全培训系统、矿山大数据与决策支持系统、矿山物联网平台、基于 BIM 的矿山虚拟设计与管理信息化平台、矿山全生命周期设备管理系统、矿山生产巡检与智能化管理系统、矿业网络协同制造信息化平台等。

智能工厂主要开展基于工业物联网的选冶数据采集平台与数据中心、选冶智能操作控制、选矿全流程优化决策等方向的技术创新工作。重点开发选冶数据中心集成平台、适合选冶行业特点的工业物联网框架、应用装备远程智能监控和预测性维护系统，推动低功耗低延时 5G 技术在选冶工厂的物联技术、新一代人工智能技术与选冶生产控制技术的融合应用。

面向有色金属行业企业构建多层级网络化生产环境，通过全要素连接网络系统，实现数据的实时采集和可靠传输，满足设备智能维护、产品质量监控、工艺流程优化分析、全流程故障诊断、安全生产监控等网络需求。面向有色金属行业建设工业互联网标识解析二级节点，支持建立工业互联网标识解析采集系统，开展产品全生命周期管理、产品追溯等工业互联网标识解析应用。推动建立有色金属行业工业互联网平台，打通行业全要素、全产业链和全价值链的全面连接，支持数字化管理、网络化协同、服务化延伸、智能化生产及产融结合等新模式发展。推动矿产资源精细勘查、矿产资源储量动态管理、开采设备信息管理场景的安全防护，监测有色金属行业工控设备、边缘设备等安全风险，提升有色金属行业生产控制过程中全要素的可查、可管、可控。

四、绿色制造

（一）绿色制造

高铁赤泥非高炉冶金技术和高铁赤泥制备复合净水剂产业化。开发多元复杂有色金属矿产资源清洁高效利用技术及相应的成套装备。炭素焙烧炉烟气脱硝技术及产业化。冶炼余热回收利用。高端领域钛合金返回料综合利用。稀土浸萃一体化技术。锑清洁冶炼新工艺。铟锡多金属矿尾砂资源综合利用。盐湖锂资源综合开发利用。金铜综合回收利用。新型结构铝电解槽、铝液直供等工艺和稀贵金属清洁分质高值化利用。高温电袋除尘技术及装备。以含砷物料高值化利用和最终固化为基本特征的协同处置技术。尾矿毒害组分有效分离及阻隔技术，尾矿硅酸盐组分分级利用制备硅酸盐水泥、特种混凝土、活性超细粉体技术。废旧动力电池资源优先提锂，高效回收镍钴锰及磷酸铁锂电池资源高效提锂与无害化处置。

（二）安全生产

中小型有色金属企业搬迁改造，重点支持安全、卫生防护距离不能满足要求的中小型有色金属生产企业搬迁改造，以及设备智能维护系统和尾矿库安全改造。

五、质量提升

（一）自动化技术与装备

矿山通信技术与装备。矿山安全监测技术与装备。智能化在线分析仪器与检测装备。数字化选冶流程建模与仿真。智能选冶和深加工装备。航空用铝合金厚板。汽车轻量化用铝合金材料及零部件。航空航天用模锻件。高成形性低裂纹扩展速率飞机蒙皮用铝合金薄板。多用途铝箔。石油钻探用高端铝合金。铜铝复合电力扁排生产装备技术升级。铅锌熔铸成套装备关键工序智能化。

（二）关键部件和材料

新型引线框架材料。高性能铜合金管、棒材。高性能镁合金及深加工材。航空航天用高精度钛合金型材。航空航天、汽车等高端装备制造业用高性能硬质合金刀具。智能移动终端用高性能金属合金材料及磁粉心。无铅焊料。高端贵金属封装材料。封装用高性能钯铜丝。高性能动力电池正极材料。电池级碳酸锂。新兴产业用高端钼材料。智能开关用触头材料组件。铸铜转子超高效电动机制造。蚀刻加工型框架材料铜带。锗单晶及晶片建设工程。高性能铁氧体永磁器件、稀土永磁功能材料。

（三）有色金属新材料

重点发展高性能轻合金材料、高性能低成本钛合金材料、新一代高性能铜合金材料、贵金属材料、有色金属电子信息材料、粉末冶金材料、新型涂层材料、硬质合金材料、稀有金属材料，钽铌铍等特种稀有金属材料；功能元器件用有色金属关键配套材料、新型能源材料、稀土功能材料、先进半导体材料、新型高生物相容性医用材料、3D 打印用材料等。

六、服务型制造和技术改造服务体系

建设有色金属行业网络化协同制造服务平台，开展创新设计、质量动态监测、共性技术研发等生产性服务。建设具有设备智能维护、产品质量监控、工艺流程优化分析及全流程故障诊断等多种物联网功能的矿冶及有色金属加工智能服务云平台；建立高性能航空铝材和乘用车用新型铝合金承载结构件基础服务平台，通过铝合金厚板等典型产品的残余应力闭环检测、模拟仿真、加工制造等海量试验数据，构建并优化铝合金成分、性能、轧制参数等数学模型，提升材料制备技术水平。

充分利用“互联网+”，鼓励铜、铝、镍、镁、钴、钛、钨等有色金属加工企业建立高效协同的研发设计平台，通过电子商务、大数据、云平台等，响应下游用户个性化定制、加工配送、产品租赁、维修服务等需求，建立从先期介入（EVI）到全面用户技术支持与服务的业务体系，推进生产型制造向服务型制造转变，创新商业模式和提高增值服务能力，形成产需衔接、协同发展的新模式。

支持有色金属企业开展合同排污管理。培育壮大有色金属领域专业环保服务公司力量，提供覆盖有色金属采掘、冶炼、锻压等业务的环保整体解决方案，开展减排减污专业诊断和培训，采用在线监测、智能化生产和物流系统等优化生产制造流程，减少废气废水废渣排放。

第八章　建材行业

一、创新平台

建立建材工业物联网技术应用平台、新型低碳水泥技术研发平台、特种水泥技术研发平台、工业固废利用技术研发平台、浮法玻璃冷端全线跟踪及全仿真监控系统研发平台，建设低排放烧成技术及高效节能粉磨技术水泥生产创新中心、水泥工业生产碳捕集技术研发中心、硫（铁）铝酸盐水泥及白色硅酸盐水泥等特种水泥工程技术应用中心、水泥外加剂技术研发平台、浮法玻璃熔窑综合节能技术创新中心、特种玻璃材料及制品创新中心、建筑陶瓷集中制粉商品化应用示范中心、建筑陶瓷卫生洁具工业设计中心、人工晶体材料及器件创新中心、功能陶瓷材料及器件创新中心、高强轻质骨料烧成和材料技术创新中心、工业固废综合利用高性能混凝土技术创新中心、绝热节能材料研发及应用创新中心、非金属矿深加工创新中心、高性能玻璃纤维及制品应用创新中心、纤维增强复合材料、光伏建筑一体化建筑材料应用创新中心、高性能环保型摩擦密封材料研发创新中心、装配式建筑工业设计中心、建材行业用耐火材料创新中心、生态砖瓦新材料研究产业创新示范中心、砖瓦工业屋面瓦研发创新示范中心、建材大数据研究中心等。

二、基础能力

水泥高能效低氮预热预分解及先进烧成技术，水泥高效节能料床粉磨技术，高性能水泥煅烧及制备工艺技术，高效节能流化床煅烧技术，基于复合漂白与生物质复合燃料煅烧高等级白色硅酸盐水泥熟料关键技术，高强耐磨氧化铝陶瓷水泥粉磨技术、陶瓷金属复合材料立磨磨辊/磨盘技术。优化玻璃熔窑结构和锡槽本体结构，提高熔窑能效和制造技术，推广碲化镉发电玻璃成套制备技术。大吨位连续化陶瓷生产用球磨机，卫生陶瓷高压注浆、快速干燥、机械手施釉设备，建筑卫生陶瓷行业工业废弃物综合利用技术开发，建筑陶瓷低品位原料（如红坯土、页岩等）应用技术，建筑陶瓷超大型薄板高效生产技术，卫生陶瓷高效成形技术装备，卫生陶瓷模具 NC 加工技术，功能陶瓷粉体制备技术、先进陶瓷部件精密制造技术，烧结制品制造防水防腐防火保温一体化的装配式墙材制品技术，结构保温一体化外墙板生产技术。非金属矿均化及改性技术。玄武岩纤维池窑化生产技术与装备，高强高模、低介电、高硅氧等高性能玻璃纤维池窑化生产技术。天然石材立体补胶生产成套技术及装备。

三、智能制造和工业互联网

矿山生产综合管理与决策平台、矿山安全监测技术与装备；水泥行业、建筑陶瓷、卫生洁具、耐火材料、砖瓦行业用“机器人”；玻璃纤维、复合材料、水泥行业、家居装饰装修材料智能化专家优化管理系统及工业人工智能在线自动优化控制系统、水泥生产过程智能集成优化控制技术、水泥行业设备诊断及检修专家管理系统；绿色智能制造预拌混凝土控制体系，预拌混凝土配合比智能自动优化控制系统；玻璃纤维及复合材料自动化智能化生产技术及装备；浮法玻璃生产全过程的现代智能化控制技术与现代管理技术；石材行业自动精密加工、石材智能化生产系统；卫生陶瓷等建材产品生产过程智能机械装置及其智能检测和控制系统；预制装配式部品智能制造管理系统；汽车用制动器衬片智能化生产线；重点开发智能化生产体系，建立生产执行 MES 系统和 ERP 资源管理系统，实现生产流程的智能设计、生产系统的高度集成和生产调度的优化控制。

推动建材行业企业实施内网改造，实现流程优化、智能生产管理、工艺能耗管理、设备预测性维护、安全生产等网络应用。面向建材行业建设工业互联网标识解析二级节点，建立工业互联网标识解析采集系统，开展产品全生命周期管理等工业互联网标识解析应用。建立建材行业工业互联网平台，打通行业全要素、全产业链和全价值链的全面连接，支持数字化管理、网络化协同、服务化延伸、智能化生产及产融结合等新模式发展。在订单生成、物料自动调配、建材产品制造、生产配方优化控制、库存管理、物流配送等业务流程中，进行身份认证、权限管理、数据分析和共享、安全检测、威胁发现等防护措施部署，实现建材行业产品供应链全流程的安全脆弱性检测、安全威胁分析等能力。

四、绿色制造

（一）绿色制造

推广应用水泥窑烧结砖焙烧隧道窑技术协同处置城市生活垃圾、污泥、垃圾焚烧灰及危险废弃物等；水泥窑烟气碳捕集技术、特种水泥资源综合利用及工业废渣利用生产技术；水泥窑氮氧化物减排技术、水泥窑烟气复合脱硫技术；低碳水泥生产技术；玻璃生产线脱硫脱硝一体化技术、玻璃生产线纯氧燃烧技术；工业副产石膏制备 α 高强石膏成套技术及装备、利用脱硫石膏生产纸面石膏板余热利用技术；建筑垃圾综合回收处理和再利用；烧结墙体材料余热余压综合利用；烧结墙体材料窑炉脱硫脱氮；陶瓷（耐材、砖瓦、石灰、岩棉等）窑炉脱硫脱硝除尘一体化改造；推广建筑陶瓷干法制粉工艺、连续球磨工艺技术，扶持建立集中制粉商品化应用示范中心；建筑陶瓷新型高效清洁煤气化（自）净化技术装备、窑炉新型燃烧技术、窑炉和喷雾干燥塔能源高效循环利用技术；陶瓷砖、超大规格陶瓷薄板减薄工艺技术，五金卫浴自动化抛光工艺，开展陶瓷废料综合回收利用；摩擦材料热压、热处理及表面烧蚀一体化节能技术和磨削废料回收再利用技术；利用废弃石粉、石渣制备高性能无机型人造石关键技术，利用尾矿生产新型建材和建材部品等；发展纤维增强复合材料边角废料及废旧制品回收利用技术与装备；提高石墨、膨润土、高岭土等非金属尾矿综合利用率；发展水泥无球化粉磨技术；发展建材行业用后耐火材料综合利用技术。

（二）安全生产

危险工艺岗位实现机械化、自动化作业，加装安全防护装置，实现人机隔离。矿山提升运输设备、装置及设施的信号及安全保护装置；大型起重机械安装安全监控管理系统；石膏矿山捕尘、降尘及硫化氢监测系统；回转窑制动、应急独立电源与主辅传动连锁装置等。矿山安全监测监控系统、人员定位系统、紧急避险系统、压风自救系统、供水施救系统、通信联络系统；火灾、爆炸、中毒、人身伤害及污染事故快速响应、处置、抢救与救援设备设施。

五、质量提升

（一）水泥基材料

防辐射水泥基材料、绝热和导热水泥基材料、可燃冰开采固井水泥基材料、绿色低碳低热高贝利特水泥基材料，3D 打印水泥基材料，海洋工程及舰艇抗腐蚀涂层水泥基材料，水电工程用防冲刷磨损、气蚀破坏混凝土，非贯穿裂缝、渗漏修补水泥基材料；海洋工程用高抗侵蚀低碳水泥基胶凝材料，超高强、高韧低碳水泥基复合材料；超低温海洋油田固井水泥制备技术，复杂地质环境下固井自修复水泥基材料；轨道交通用道桥混凝土结构超快速修复水泥基材料；干法施工的墙（地）面材料。

（二）绿色建材

绿色水泥及水泥基材料（烧黏土复合水泥基材料、偏高岭土复合水泥基材料、少熟料复合水泥基胶凝材料、无熟料胶凝材料、3D 打印建筑材料、高强高性能特种工程材料），综合利用固废的混凝土制品，高效绿色混凝土外加剂，适用于海绵城市、水环境治理、特色小镇、新农村建设、建筑工业化的部品化建材产品，环境友好型装饰材料，真空节能玻璃，Low-E 玻璃，陶瓷薄板砖，瓷抛砖，地暖陶瓷砖，发泡陶瓷隔墙板，发泡陶瓷墙、面一体板材，发泡陶瓷保温板，透水路面砖和路面板，节水型、轻量化卫生陶瓷，高强度隔热多孔陶瓷板，无铬耐火绝热一体化耐火材料，烧结制品制造的防水防腐防火保温一体化的装配式墙材制品及环境修复功能材料和生态材料制品，低导热长寿命耐火材料，近零级甲醛释放人造板，建筑保温装饰一体板，水性涂料，无溶剂涂料，高性能玻璃纤维及其热塑性复合材料制品，无石棉摩擦密封材料，高分子防水卷材和大口径管材，节能门窗、硅藻泥、水性涂料、玻璃隔热涂料、绿色板材、弹性地板、环保竹材、纺织墙布。

（三）关键工艺技术改造

特种水泥生产煅烧及粉磨工艺和装备技术改造，水泥窑、烧结砖焙烧隧道窑协同处置废弃物技术改造工程，水泥、玻璃生产两化融合改造工程，玻璃熔窑烟气除尘、发电及脱硫脱硝一体化改造工程，浮法玻璃原片质量提升及性能优化改造工程，混凝土搅拌站除尘系统改造工程、混凝土搅拌站粉料输送系统升级改造工程；适用于建材窑炉的煤洁净气化成套装备技术改造；陶瓷墙地砖新型干法制粉工艺、卫生陶瓷压力注浆成形工艺、建筑陶瓷薄型化技改工程，防水防腐防火保温一体化的装配式墙材制品工艺技术改造；非金属尾矿综合利用技改工程。

（四）新型建材及无机非金属新材料

极端环境下用混凝土材料；水泥和玻璃窑用“节能、环保、轻量化、长寿命”耐火材料；新型低碳高标号水泥；特种功能型水泥；超快速修复水泥基材料；液晶平板显示器（TFT-LCD）玻璃基板和高强玻璃盖板；碲化镉、铜铟镓硒薄膜太阳能电池；高纯石英材料；高纯石墨材料；高性能氮化硅、碳化硅、氮氧化铝陶瓷粉体；氧化铝、氧化锆、氮化硅、碳化硅等功能陶瓷基复合材料；高性能陶瓷膜材料；高效陶瓷管加热器；高 k 电介质陶瓷；特高压陶瓷绝缘子；大尺寸、高质量、低成本的人工晶体材料；大尺寸非线性晶体（中远红外、紫外、深紫外）；高光产额闪烁晶体；高功率、长寿命激光晶体；大尺寸、低缺陷蓝宝石晶体/衬底；高性能及特种玻璃纤维及其制品、热塑性复合材料、高性能复合材料、智能型玻纤制品及复合材料制品；碳纤维及制品；碳芯电缆；玄武岩纤维及制品；集成电路生产用石英玻璃制品、集成电路封装料；玻璃或陶瓷波导管；先进能源、航空航天、传感器件、节能环保、信息技术等高端应用领域用石墨烯；石墨烯基电极材料、散热材料、加热材料、防腐涂料、传感器、显示材料等；环境友好型非金属矿物功能材料（高效防渗材料、土壤修复剂、水处理剂、高性能摩擦材料、高效阻燃剂及高强石膏、高端石墨制品、高效催化剂、助滤剂、高效水泥助磨剂、高效煤粉助燃剂、高效脱硫剂、缓控释药物等）；非金属矿物功能填料；航空器用复合制动摩擦材料、高速列车用制动衬片、核电用无腐蚀石墨密封垫片、湿式自动变速箱用摩擦元件。

（五）关键技术与升级改造

重点推进高性能热防护材料技术向工业和建筑节能减排技术领域转化，如低成本纳米孔高效隔热保温材料及应用关键技术，加强原材料、制备工艺、专用设备等方面的系统研究，实现纳米孔隔热材料低成本化，并在工业和建筑节能领域推广应用。

特种水泥应用关键技术，如海工水泥、极地水泥、3D 打印水泥等。混凝土降本增效应用关键技术，如混凝土配合比优化设计关键技术。

六、服务型制造和技术改造服务体系

支持服务型制造公共服务平台建设。依托并整合现有资源，探索技术产业化的新模式，围绕绿色建材、新型建材、复合材料、矿物功能材料等领域，搭建若干产业发展公共服务平台，规范相关服务标准，开展技术研发、知识产权运用、检验检测、技术评价、技术交易、质量认证等专业化服务。支持建立石墨烯国家制造业创新中心，矿物功能材料等产业发展联盟，继续支持绿色建材、玻纤及复合材料、石墨、石墨烯等联盟发展。建设绿色建材、先进无机非金属材料的检测、标准、应用、专利等基础数据库，增强公共服务能力。分区域、差异化创建若干以绿色建材、非金属矿采选及其精深加工为特色的新型工业化产业示范基地。

发展建材工业研发设计、创业孵化、知识产权、科技咨询等服务业，推进设备维修专业化服务，发展壮大面向建材工业的生产性服务业。在玻璃深加工制品、建筑卫生陶瓷、石材、竹材、新型房屋等行业推广创意设计和制造。推进建材行业电子商务、专业物流网络配送体系建设。在装饰装修材料等行业建立设计、选材、配送、施工一体化网络平台。在碳纤维、玻璃纤维等高性能无机纤维及其增强复合材料、精细陶瓷、人工晶体、矿物功能材料等行业，建立研发、设计、检验检测、标准、认证等服务平台。完善并加快从非金属矿地质勘查、工程咨询、工程设计、工程建设、设备安装到工程总承包的建材工程服务产业链的发展。

培育壮大建材领域专业环保服务公司力量，引导环保设备制造商、环保治理企业向环保整体解决方案服务商转变。支持水泥、玻璃、陶瓷等领域建材企业与专业环保治理公司合作，开展减排减污专业诊断和培训，提供从产品设计、制造到分销、物流环节的环保整体解决方案，优化制造流程，减少废气废水废渣排放。

第九章　石化与化工行业

一、创新平台

在石油化工、新能源技术、化工新材料、精细与专用化学品、现代煤化工、节能环保六大领域推进创新平台建设。

1. 低成本高效炼化一体化创新技术平台。重点包括炼油化工总流程一体化优化、先进加氢催化剂及先进加氢技术、汽柴油高效脱硫技术、炼化副产品深加工利用技术等。

2. 新能源技术开发与应用创新平台。重点包括生物甲烷、氢能开发与利用、汽车电池等。

3. 化工新材料开发与应用创新平台。重点包括高端合成树脂技术与应用，聚烯烃高性能牌号开发及市场推广、热塑性弹性体材料、聚丁烯-1技术开发、茂金属聚烯烃催化剂和技术，茂金属催化乙烯丙烯共聚技术等；高性能工程塑料技术及应用推广、特种工程塑料、芳纶等特种纤维、树脂基复合材料等。

4. 精细与专用化学品开发与应用创新平台。重点包括高效低毒农药及助剂、新型催化材料及高性能催化剂、分子蒸馏技术、催化蒸馏技术；先进信息用化学品重点包括高性能电子化学品、石墨烯、黑磷烯、氮化硼、二硫化钼等二维材料和纳米晶须新材料、电子级环氧树脂、光纤预聚棒等。

5. 先进煤炭清洁转化利用创新平台。重点包括新型低阶煤清洁高效转化技术、煤制油技术升级及特种和专用油品开发、百万吨级煤制芳烃技术、大型气化技术、大型甲烷化技术、煤焦油高质化利用、煤制乙二醇产品质量提升等。

6. 绿色环保材料及环保技术创新平台。重点包括环境友好的生物可降解材料生产技术、全生物降解高分子材料、先进回用聚酯技术、含氟温室气体减排、挥发性有机污染物污染控制技术与装备、高浓度难降解有机废水和含盐废水处理技术、废渣无害化资源化利用技术、含油污泥安全处置与资源化技术、秸秆及木屑等生物质综合利用、二氧化碳捕集利用与封存（CCUS）；绿色轮胎材料与轮胎生产技术，包括满足绿色轮胎标签生产的合成橡胶材料生产技术、绿色轮胎生产技术、大型工程轮胎结构设计等。

二、基础能力

渗透汽化膜与膜过程重点实验室，高性能热塑性弹性体工程实验室，水溶性聚氨酯树脂工程实验室，工程塑料选材设计分析仿真工程实验室，烯烃聚合催化及过程工程实验室，高性能输送带新材料及先进制造工程实验室，煤炭清洁转化节水减排工程实验室；复混肥工程研究中心，脱硫环保技术工程研究中心，化石碳氢资源高效利用工程技术中心，国家农药创新工程技术中心；工业催化产业技术基础公共服务平台，高效分离产业技术基础公共服务平台；国家级石油和化工行业工业基础数据库。

三、智能制造和工业互联网

1. 大力推进智能工厂建设。将新一代信息通信技术与石化生产过程的资源、工艺、设备和环境及人的制造活动进行深度融合，提升全面感知、预测预警、协同优化、科学决策的四项关键能力，以更加精细和灵活的方式提高工厂运营管理水平，并推动形成新的制造和商业模式创新。

2. 打造数字化生产环境。基于石化智能传感器、智能检测/控制、工业物联网及移动互联等技术，打造泛在感知的石化生产环境。通过信息技术与运营技术的深度融合，实现从底层现场设备层向上贯穿过程控制层、生产执行层、经营管理层的数据贯通和集成；对原油与产品属性、生产工况、工艺参数等进行智能感知，实现从原油供应、生产运行到产品销售全流程与全生命周期资源属性和特殊参量的快速获取与信息感知。

3. 推动先进过程系统（APC）、实时优化系统（RTO）在石油和化工行业的广泛应用。构建模型化、实时化、智能化的新一代炼化企业生产执行系统（MES）、企业资源计划系统（ERP），建立计划、调度和操作一体化闭环管理体系，以安全、清洁、稳定生产为核心，实现全面感知实时监控、预测预警自动发现、异常侦测主动应对、科学决策精准执行的智能管控目标。

4. 构建基于信息物理系统（CPS）的石油化工工业互联网平台，促进平台应用，构筑平台生态。围绕流程优化、供应链协同优化、智能生产管控、工艺及能耗管理、设备预测性维护等构建石化智能工厂解决方案。加速平台、工业App与解决方案的推广；加快推进数字化交付标准建设；打造石化工业大数据分析平台，应用大数据、人工智能等技术，提升智能制造在研发设计、生产运营、远程运维服务、供应链管理等方面的智能化水平，提升企业的经营分析能力、对全过程的预测能力及市场快速响应能力。

5. 推动智慧园区建设，促进化工园区内企业间的互动、集成和协作。运用信息化、智慧化手段提升对园区内外关键信息资源的整合能力，提升园区本质安全与环境保障水平，加强应急处置和循环经济能力建设，促进能源管理和高效物流服务，以及园区公共服务平台建设工作。通过大型化、基地化、炼化一体化的智能工厂建设，带动产业链优化升级和价值链重构，实现智能工厂、智慧基地（智慧园区）和智慧城市的协同发展。

6. 实施民爆行业少（无）人化专项工程。工业炸药危险少（无）人操作生产工艺系统；工业雷管主要危险岗位人机隔离操作、连续化自动化生产工艺系统；火工药剂、震源药柱等危险作业工序人机隔离装备；工业机器人及智能成套装备在民爆行业的推广应用；重大危险源和关键危险工序违规违章行为的智能识别、提示和自动报警技术。

7. 推动工业互联网企业网络化改造。构建面向石化生产全过程、全业务链的网络协同体系。运用新型网络技术实现石化生产过程中设备、工艺、资源、环境和人员全面互联互通；通过打造网络化生产环境，采集原油状态、生产工况、工艺参数、环境参数等实时数据并传送至上层平台，实现流程优化、智能生产管理、工艺能耗管理、设备预测性维护、安全生产等应用。面向石化与化工行业建设工业互联网标识解析二级节点，建立工业互联网标识解析采集系统，开展产品全生命周期管理等工业互联网标识解析应用。

8. 打造工业互联网平台。推动建立石化与化工行业工业互联网平台，打通行业全要素、全产业链和全价值链的全面连接，支持企业业务系统和工业设备上云，建立石化与化工行业工业机理模型库，开发一批高价值工业 App、微服务及基于平台的系统解决方案，并在物料配方优化、工艺参数设计与仿真、生产过程建模与控制、设备故障诊断与远程运维等关键场景应用，引导建立基于工业互联网平台的生产线数字孪生系统。支持数字化管理、网络化协同、服务化延伸、智能化生产、个性化定制及产融结合等新模式发展。

9. 建设工业互联网安全技术体系。开展石化与化工行业分布式控制系统（DCS）、可编程逻辑控制器（PLC）、安全仪表系统（SIS）、可燃气报警系统等关键系统的漏洞挖掘技术研究，推动漏洞挖掘、攻防演练、态势感知、威胁感知等安全平台建设，提升及时发现高危漏洞、威胁信息共享及应急处置能力。

四、绿色制造

（一）绿色制造

实施挥发性有机物综合整治，加快涂料、胶黏剂、农药等领域有机溶剂替代和生产过程密闭化改造。开发推广光气等高毒原料替代技术，推广催化加氢、绝热硝化微通道反应器、大型合成气甲烷化、百万吨级低阶煤热解、全封闭高压水淬渣及无二次污染磷泥处理黄磷等绿色工艺。加强炼油及储运环节的油气回收治理。加大煤化工、农药、燃料等行业高浓度难降解废水和废盐治理力度。推进磷石膏、氟石膏、造气炉渣、电石渣、碱渣、废硫酸、含硫废液等固体废物综合利用。开发推广煤化工、燃料、农药等行业废水治理及再利用技术。推进 CO_2 在驱油、合成有机化学品等方面的应用示范。加强高温和强放热工艺装置余热综合利用。推进农药废弃包装物回收及无害化处理。推广石化与化工高含盐、高 COD 废水处理技术、油田含油废水处理及回用技术。加快推广稀土永磁无铁芯电机、电动机用铸铜转子、高能效等级的小型三相异步电动机、锅炉水器系统平衡及热回收工艺设备、高效换热器、低温余热发电用螺杆膨胀机、乏汽与凝结水闭式回收设备等。完善能效“领跑者”、水效“领跑者”发布制度和行业节能、绿色产品、绿色工厂、绿色园区、绿色供应链、绿色工艺等标准体系，深入开展能效对标、水效对标，提高能效和水效水平。探索开展企业绿色评价工作，通过健全节能环保法规、标准体系，加强节能环保监察，推行企业社会责任报告制度等法规和市场手段，引导企业逐步向绿色企业转型。实施炼化能量系统优化、硝酸生产技术提升等技术改造。

（二）安全生产

1. 化学品危险性鉴别和工艺风险评估。应用化学品物理、健康与环境的危险性分类鉴别装备、风险评估技术和数据库，在重大危险源企业推广应用定量风险评价、危险与可操作性分析（HAZOP）、保护层分析、安全仪表完整性评估、基于风险检验（RBI）及以可靠性为中心的维护（RCM）等，在石化化工行业开展反应风险性评估与研发反应失控抑制技术与装备应用。

2. 安全装备和监控系统。配备安全设备设施及紧急停车系统（ESD）、高完整性等级的安全仪表系统。涉及硝化、氧化、磺化、氯化、氟化、重氮化、加氢反应等危险工艺的化工生产装置，实现自动化控制。改造防火、防雷、防静电设施，提高技术措施等级，健全安全生产预警条件；有毒有害、易燃易爆气体泄漏检测报警系统和火灾报警系统；易燃液体储运装卸装置防静电设施及联锁紧急切断装置；重大危险源参数远传、连续记录及监控预警系统。危险化学品重大事故监控预警工程。重点装置、关键部位设置视频监控系统。研发危险化学品储罐缺陷声发射无线自组网实时监测及诊断技术及设备；研发危险化学品储罐罐底板腐蚀检测关键技术及设备；研发全尺寸、大口径管道内检测器及智能评估系统；研发水下石油天然气管道腐蚀检测探测设备；研究长输油气管道高后果区在线监控成套技术及装备。研制高可靠、高精度有毒气体、可燃气体传感器及成套设备；研发有毒和可燃气体远程、大空间多光谱在线检测成像设备；研发危险化学品重大灾害场景火焰、烟气智能识别技术及设备；研发大空间雷电探测感知器件及自组网预警设备。

3. 快速响应的化学事故应急救援系统。具有日常应急管理、风险分析、监测监控、预测预警、动态决策、应急联动等功能的应急指挥平台。重大化学事故应急救援实时监测、辅助决策系统及单兵装备、重大化学事故处置实时监控系统。

危险化学品泄漏事故应急处置系统，有毒有害气体（氨、氯等）泄漏喷雾吸附系统，紧急泄氨器与应急处置罐，堵漏和洗消装备及系统。研发危险化学品特异性、高灵敏度侦检装备及特效解毒药品；研制危险化学品救援人员作战标准化成套装备；研发长距离、高精度无人机人员识别、定位及搜救技术及装备；研发移动火炬成套系统及装备。

4. 危害控制装备及系统。事故状态下危害控制装备及系统，改造建设事故围堰及清净下水设施；防汛、防台风、防构筑物倒塌设备设施。储罐收料液位动态监控。储罐区高效应急响应和快速灭火系统。危险化学品槽车金属万向管道充装系统；车辆行车记录仪及基于卫星定位技术的高危化学品道路运输监控系统；基于卫星定位技术的危险化学品水运监控系统。

5. 化工园区安全管理与规划布局。化工园区选址安全与科学规划布局，化工园区危险化学品事故和自然灾害事故耦合防灾控制。化学工业园区区域安全监控与事故应急救援工程，一体化应急系统。搬迁安全距离不达标石化企业；对有发生爆炸危险的生产、储存设施周边的科研、生产、办公、储存设施等有人员活动场所进行调整改造。重点推动位于城镇人口密集区内、安全卫生防护距离不能满足相关要求，以及因城市规划调整需要的危险化学品生产企业搬迁。推动沿长江等重点流域人口密集区的危险化学品生产企业搬迁改造。

五、质量提升

（一）化肥和农药

推广先进煤气化、低压氨合成、氮肥生产废水超低排放等技术。加强中低品位磷矿和磷矿伴生资源利用，推进半水-二水法、再结晶祛湿法磷酸生产技术开发与应用，提高磷石膏综合利用率。加强难溶性钾矿利用，提高钾矿伴生资源利用水平。发展中微量元素复合肥、缓（控）释肥、水溶肥（液体肥）等新型肥料。发展高效、低毒、绿色农药原药和环保型农药制剂及助剂，推广农药及其中间体清洁生产工艺，推广生物技术和生物农药。

（二）电石、氯碱和纯碱

推广膜极距离子膜制烧碱技术，加快离子膜的研发和推广应用。推进无汞催化剂和氯化氢催化氧化制氯技术的研发应用，加强副产氢气的综合利用，发展电石法聚氯乙烯无汞催化剂工业化技术、高抗冲性能聚氯乙烯特种树脂和管材、型材、阻燃型等聚氯乙烯专用料。推广氯化铵直接施肥和井下循环制纯碱技术，提高重质纯碱和氯化铵造粒比例。

（三）无机盐和硫酸

推进铬盐、氰化物等行业清洁化改造，发展为高端材料配套的纳米晶须产品和医药级、食品级和电子级无机盐。加快 5 万吨/年铬铁碱溶氧化电解生产重铬酸钠技术、盐湖卤水生产电池级碳酸锂、硫酸铵废液制酸、高效二氧化硫氧化钒催化剂制备、废硫酸高值化综合利用、硫化氢半干法制硫酸等新技术的研发应用，加快开发单项金属离子≤100ppt 的电子级硫酸生产技术及成套设备。

（四）精细化工

发展水性、高固体分、粉末、辐射固化等环保涂料和耐高低温、高抗污等功能涂料及绿色交通运输涂料。推广染料及其中间体清洁生产工艺，发展新型纤维和新型印染工艺的高端染料和有机颜料。推广苯定向氯化-吸附分离法间二氯苯清洁生产工艺。发展热熔胶等环保型胶黏剂；无毒绿色增塑剂、聚磷腈及反应型无卤阻燃剂，抗老化等环保型塑料助剂；无磷可降解缓蚀阻垢剂等环保型水处理剂；无氟氯环保发泡剂；安全型食品添加剂和饲料添加剂；非离子表面活性剂和氟硅类特种表面活性剂；固载离子液体催化二氧化碳转化制备碳酸二甲酯和乙二醇。

（五）化工新材料

1. 高性能树脂材料。如通用塑料改性及合金、尼龙聚碳高性能合金、挤出级和薄膜级聚苯硫醚、聚醚醚酮、聚醚酮酮、液晶聚合物、聚醚砜等特种工程塑料，高档加氢石油树脂；聚乳酸、聚对苯二甲酸丁二醇-己二酸丁二醇共聚酯（PBAT）、聚乙醇酸、聚呋喃二甲酸乙二醇酯（PEF）、聚呋喃二甲酸丙二醇酯

（PPF）、聚呋喃二甲酸丁二醇酯等生物基可降解聚酯，高吸水树脂、导电、高导热树脂等功能性树脂；高碳 α-烯烃共聚乙烯、超高分子量聚乙烯、茂金属催化聚烯烃等高端聚烯烃及高碳 α-烯烃等配套单体；有机硅共聚改性聚氨酯材料、车用轻质环保高性能聚氨酯材料、水性聚氨酯树脂、无溶剂聚氨酯树脂等环保型聚氨酯材料，以及脂肪族异氰酸等特种单体；可溶性聚四氟乙烯、超高分子量聚四氟乙烯、拉膜级聚偏氟乙烯等高性能氟树脂，以及全氟烯醚等特种含氟单体；甲基苯基硅树脂等特种树脂、苯基硅油等高性能硅油，以及苯基和乙烯基特种有机硅单体。

2. 特种橡胶及弹性体。如稀土顺丁橡胶、氢化丁腈橡胶、高性能硅橡胶、氟橡胶、丙烯酸酯橡胶及聚氨酯类、聚烯烃类、聚酰胺类等新型热塑性弹性体，高官能度溶聚丁苯橡胶复合材料。

3. 高性能纤维。如高强和高模量碳纤维，以及对位芳纶、聚对苯二甲酸丙二醇酯纤维、超高分子量聚乙烯纤维、聚酰亚胺纤维、玄武岩纤维、碳化硅纤维、耐高温尼龙，长碳链尼龙等高性能纤维。

4. 功能性膜材料。如高通量纳滤膜、高性能反渗透膜等水处理用膜；汽车建筑用聚酯隔热膜、太阳能电池背板用 PVF 膜、动力锂电池隔膜和高性能铝塑封装膜、燃料电池用含氟磺酸膜等新能源产业用膜；偏光膜、微棱镜型光学膜等信息产业用膜；用于二氧化碳捕集和 PM2.5 分离等的特种气体分离膜、净化膜；高性能双极膜、聚乙烯醇缩丁醛胶膜等其他功能性膜材料。

5. 电子化学品。如高纯试剂、电子特气、动力锂电池用高性能正极材料、氟化石墨及石墨烯等新型负极材料、双（三氟甲基磺酰）亚胺锂等新型电解质、氟代碳酸乙烯酯等新型电解液溶剂；极紫外光刻胶、深紫外光刻胶、电子束光刻胶、高性能液晶材料等高性能电子化学品。

（六）油品、石化产品和轮胎

加快油品质量升级和炼油产品结构调整，鼓励现有炼油企业建设加氢裂化、连续重整、异构化、烷基化等清洁油品装置，实现油品质量升级。鼓励多产低硫船用燃料油方案的装置技术改造，控制油品产率，增产化工原料。

推广丁二烯直接氢氰化合成己二腈、直接氧化法环氧丙烷/共氧化法环氧丙烷、氯丙烯直接氧化法合成环氧氯丙烷、乙烯法、异丁烯法制甲基丙烯酸甲酯。推广湿法混炼工艺和充氮高温硫化工艺，加快发展航空子午胎、绿色轿车胎、农用子午胎等高性能轮胎及专用料。

（七）装备及工艺开发

加快千万吨级炼油、百万吨乙烯、百万吨芳烃成套技术装备开发，推进与之配套的大机组、反应器、控制系统等专有技术装备产业化。开发 3000 吨/日及以上大型粉煤气化炉、4000 吨/日水煤浆气化炉、年产百万吨以上甲醇合成成套技术装备，包括大型甲醇塔设计制造，气体分布技术研究、反应器计算设计制造、模拟计算、软件开发，以及大型甲醇合成工艺技术等。开发大型悬浮床加氢反应器、高压差减压阀和高压煤浆输送泵。加快推广出炉机器人、智能输送线、自动卸料等电石生产配套装备。加快纯碱用水平带式过滤机、粉体流换热器、高效蒸发冷凝（冷却）器等节能设备的推广应用，提高碳化塔、过滤机、煅烧炉等主体设备的加工质量和加工精度。推广大型聚乙烯异向双转子连续混炼挤压造粒机组的全套工艺装置。开发 180 吨活塞力特大型往复压缩机，包括解决机组大型整体曲轴箱铸件的铸造工艺、加工工艺及工装设计；热处理及磨削加工工艺等。开发轮胎全自动生产关键设备，包括轮胎一次法成形、多层挤出（五层）、连续挤出、硫化胎胚和成品全自动定位和输送工艺和装备，以及全自动和智能车间控制系统。

（八）管理服务体系升级改造

1. 石化和化工智能化生产。产品开发和工艺流程的智能感知、知识挖掘、工艺分析、系统仿真、人工智能等技术集成应用。实现生产过程实时监测、故障诊断、质量控制和调度优化，深化生产制造与运营管理、采购销售等核心业务系统的综合集成。

2. 节能与安全生产智能化管理。构建污染物排放自动连续监测和工业固体废弃物综合利用信息管理体系，建立能源管理中心。建立危险化学品、民爆器材生产、储运、经营、使用等环节的实时监控和全生命周期监管体系。建立安全生产新模式在危险作业场所深化安全风险评估、多层防护、人机隔离、远程遥控、监测报警、灾害预警、应急响应和处置等方面的信息技术集成应用。

3. 面向中小企业的研发设计平台和智能化行业制定解决方案。提供工业设计、虚拟仿真、样品分析、检验检测等软件支持和在线服务。建立并完善基于全行业的生产物料消耗、质量检测、设备运行、能源消耗、环保监测等全生命周期在线监测与管控集成解决方案，以及具备灾害预警、安全管理、智能采选功能的数字矿山解决方案。

六、服务型制造和技术改造服务体系

发展石化与化工行业生产性服务业。整合优化生产服务系统，重点发展科技服务、研发设计、工程承包、信息服务、节能环保服务、融资租赁等现代生产性服务业，为行业提供社会化、专业化服务。

培育石化和化学工业与互联网融合发展新模式。构建面向石化生产全过程、全业务链的智能协同体系。重点推进原油调和、石油加工、仓储物流、销售服务供应链的协同优化。建立健全化肥、农药、涂料等生产监督及产品追溯系统，采用物联网、射频识别、物品编码等信息技术，推进生产企业商品编码体系建设，建立产品追溯数据库。积极开展“互联网+农资”活动，鼓励生产企业建立农户基础信息库，提高农化服务水平，实现供需协同。推广农资电商等商业新模式。

引导石化企业与能源服务公司开展合同能源管理，针对不同的用能企业提供不同的项目解决方案，制定科学合理的节能目标契约，通过开展全过程服务降低石化企业能耗。鼓励石化行业企业发展先进技术、先进工艺，提升现有的生产装置，减少排放，减低能耗，提升企业综合竞争力和可持续发展能力。通过研发先进的“三废”治理技术，提升石化行业的服务增值水平，支持石化企业通过加强应用研发，开拓传统产品应用消费领域，增强企业实力。

支持石化企业参与海外资源的勘探与开发，重点推进油气资源开发，钾肥和轮胎生产基地建设，鼓励石化企业立足当地，实现就地加工转化、构建完整的供应链管理体系，实现上下游一体化的战略合作产业链。鼓励化工企业通过投资、并购、重组、外包服务的方式，获得化工新材料和高端专用化学品的生产技术，强化企业技术能力，促进石化和化工行业产业升级。加大企业技术装备的国际推广力度，通过石化化工项目建设、重大工程技术装备总承包等系统解决方案的提供，来实现开拓海外市场的任务，形成全方位对外合作的新格局。

鼓励石化与化工企业参与行业科研创新平台的建设，提升科技成果转化速度，完善科技成果的处置和收益分配。建立重点领域产业联盟，促进企业的上下游合作，充分利用保险补偿功能，实现首台（套）重大技术装备补偿机制。

第十章 医药行业

一、创新平台

围绕创新药物发现、化学药物先进制备、口服固体制剂、新型抗体构建等产业发展共性关键技术，整合各方研发力量和资源，实现重点技术突破。建设体外诊断试剂研发和产业化平台，加强原料酶、诊断性抗体等试剂原料基地建设；重点支持高端医学影像设备及其核心部件、先进治疗设备及高端植入介入产品的开发；发展基于新靶点和新作用机制的创新药，发展针对我国特定疾病亚群的新药、新复方制剂、伴随诊断产品；发展改良型新药，在已知活性成分的基础上，对其结构、剂型、给药途径、适应证、用法用量、规格等进行优化，以具备更高的临床价值；重点支持缓控释制剂、脂质体、纳米微球、靶向微丸、黏膜及肺部给药系统、经皮给药系统等高端制剂与新型给药/释药系统，以及用于高端制剂的药用辅料、新型包装系统等的开发；支持联合疫苗、治疗性疫苗、ADC 药物、新型抗体药物等生物技术新药和生物类似药大品种开发。

支持医药研发数据和公共资源平台建设，建设和整合疾病临床信息数据库、生物样本库、药用化合物库、中药化学成分库、药物杂质标准品库、药包材添加剂数据库，实现数据和资源开放共享，为全行业医药研发提供服务。

二、基础能力

（一）基础零部件

大容量 X 射线管、新型 X 射线光子探测器、超声诊断单晶探头、面阵探头、血管或内窥镜检测用微型高频超声探头、CT 探测器、大容量 CT 球管、液体轴承球管、基于硅光电倍增管 PET 探测器、闪烁晶体、高速滑环、高分辨高灵敏度光子探测器、微焦点面阵射线源、X 线相衬光栅、CCD/CMOS 光学成像模组、模块化离心机、机械臂、光学导航系统、多自由度力反馈主从操作器、气动执行器、精密陶瓷柱塞泵、手术执行器驱动装置、液压阻尼缸。

（二）基础材料

可降解血管支架材料、透析材料、医用级高分子材料、植入电极、动物细胞无血清培养基，高效崩解剂、安全性高的包衣材料、中药注射剂用辅料、新型脂质体材料、生物药新型载体、佐剂、稳定剂和保护剂等新型药用辅料，药包材用中性硼硅玻璃，药用卤化（溴化和氯化）丁基橡胶，高抗撕裂强度硅橡胶、高性能环保压电陶瓷、低弹性模量医用钛合金、超弹性镍钛合金、假肢体制备碳纤维材料、高强度可降解骨科植入材料、人工关节用交联超高分子量聚乙烯。

（三）产业技术基础

开展高性能医疗设备可靠性、安全性、适宜性等临床应用评价，建设标准、检测、验证等公共技术服务平台，完善医疗设备产业体系。建设生物技术药物发现、评价、检测、安全监测等公共技术平台，完善生物技术药物产业体系。推动微生物菌种筛选及大规模发酵技术，生物催化合成技术，手性合成和拆分技术，药物晶型制备技术，动物细胞大规模高效培养技术，血浆综合利用技术，中药生产过程控制技术，新型制剂技术等的应用发展。

三、智能制造和工业互联网

在医药企业开展数字化车间和智能工厂示范，提高制药设备的自动化、数字化、智能化水平，增强信息上传下控和网通互联功能；采用工业互联网、物联网、大数据和云计算等信息化技术，广泛获取和挖掘生产过程的数据和信息，为生产过程的自动优化和决策提供支撑；推动“制造执行系统”（MES）在生产过程中的应用，整合集成各环节数据信息，实现对生产过程自动化控制。

在大型综合性医院、专科医院，以及不同区域建设一批大型数字化医院和区域医疗服务协同示范工程，促进医疗信息共享、医疗协同和服务整合。

构建智慧医疗体系。建设生物信息大数据系统、移动医疗设备、数字化手术室系统、区域影像协同系统、远程医疗系统、远程监护系统。研究建立全国统一的电子健康档案、电子病历、医疗服务、医保信息等数据标准体系，加快推进医疗卫生信息技术标准化建设。

建设大规模的生物资源库和生物信息中心核心平台。建设网络化的国家生物资源和生物信息服务设施，加强对基因信息的深度发掘，带动新型测序仪的发展。

搭建中药工业原料生产信息服务平台，建设信息采集处理中心和信息站点组成的信息服务网络，为中药企业提供服务。

基于 5G、时间敏感网络、工业以太网、边缘计算、工业 PON、工业无线、IPv6 等技术，实现核心设备、仪器、物料、作业间、人员、环境系统间互联互通，确保数据在多个环节中（包括药品研发、制造、质量检验等）实现一致流通。通过企业内网，实时采集药品生产过程中数据并实现生产流程可视化，实现 MES、LIMS+LES、ERP 系统间协同和集成。面向医药行业建设工业互联网标识解析二级节点，建立工业互联网标识解析采集系统，开展产品全生命周期管理等工业互联网标识解析应用。

推动建立医药行业工业互联网平台，打通行业全要素、全产业链和全价值链的全面连接。支持企业业务系统和医药设备上云，建立医药行业工业机理模型库，开发一批高价值工业 App、微服务及基于平台的系统解决方案，并在物料配方优化、工艺参数设计与仿真、生产过程建模与控制、设备故障诊断与远程运维等关键场景应用，引导建立基于工业互联网平台的产品及生产线数字孪生系统。支持数字化管理、网络化协同、服务化延伸、智能化生产、个性化定制及产融结合等新模式发展。

建设核心医院信息系统（HIS）、医疗协同等业务系统的安全监测与防护平台，监测勒索病毒等恶意软件的运行，形成风险发现、应急处置能力。建设电子病历和健康数据的隐私保护系统，防护敏感数据不泄露，达到隐私防护合规要求。

四、绿色制造

（一）绿色制造

支持化学原料药生产过程清洁工艺和设备的应用，显著降低单位产值 COD

排放量，降低有毒有害气体等废气排放。支持生产用于酶法生物转化工艺的各种酶，包括用于抗生素、他汀类药物生产的各种酶。支持开发应用新型技术和装备，提高发酵废水废渣处理水平，同时降低污染治理成本。支持开发应用抗生素菌渣无害化处理技术。以厂房集约化、生产洁净化、废物资源化、能源低碳化为目标，打造一批低排放绿色工厂。支持医疗影像设备再制造。

（二）安全生产

支持企业改进 EHS 管理体系，提升 EHS 相关硬件和软件，最大限度减少环境污染、安全事故和职业病发生，培育履行社会责任、以人为本、可持续发展的企业文化。

五、质量提升

（一）高端装备

1. 高性能医疗设备。大力提升基于硅光电倍增管 PET 探测器、3.0T 超导磁体、多通道并行接收/发射谱仪、加速管、高清 CCD、单晶容积探头等核心关键部件专业生产能力，形成 X 射线正电子发射断层成像仪（PET-CT）、磁共振成像仪（MR）、X 射线计算机断层摄影设备（CT）、医用直线加速器（LA）、内窥镜（ES）、超声成像仪（US）等高端医学装备的核心部件和整机生产能力；发展新一代微创、无创和全科诊疗设备与检测设备、外科手术器械和机器人。

2. 医院数字化系统和远程医疗装备。加快新一代互联网技术与生物医学工程技术的融合应用，加强医院数字化系统、远程医疗系统、个体健康信息管理系统等关键技术的研制和产业化，提供集成化、一体化整体解决方案。

3. 新型通用医疗仪器设备。推动生物传感器等新技术的应用，研制数字化、智能化的新型体外诊断系统、医疗仪器和康复器械。

（二）生物技术药物

开发治疗恶性肿瘤、自身免疫性疾病、神经系统疾病等难治疾病，以及用于紧急预防和治疗感染性疾病的抗体药物。

针对流感、肝炎、疟疾、结核、艾滋病等重大或新发传染病，加快基因工程疫苗、核酸疫苗等新型疫苗的开发。

开发免疫原性低、稳定性好、靶向性强、长效、生物利用度高的基因工程蛋白质及多肽药物。

开发国内市场紧缺的凝血因子Ⅷ、抗巨细胞病毒免疫球蛋白等产品。

（三）化学药物

落实仿制药质量和疗效一致性评价要求，完成国家基本药物口服固体制剂、注射剂等的一致性评价任务。

1. 抗感染和抗肿瘤药物。重点开发抗病毒、抗多药耐药菌、抗耐药结核杆菌、抗其他微生物的新型抗感染药物；重点开发治疗肺癌、肝癌、乳腺癌、胃癌等我国高发性肿瘤疾病的毒副作用小、临床疗效高的靶向、高选择性抗肿瘤药及辅助用药。

2. 心脑血管疾病药物。重点开发防治高血压、脑卒中、心力衰竭、心肌梗死和血栓形成等疾病的作用机制新颖、长效速效、用药便捷的新型单、复方药物。

3. 内分泌及代谢疾病药物。重点开发治疗糖尿病、骨质疏松及其他营养代谢综合征的作用机制新颖、长效高效、用药便捷的新型单、复方药物。

针对我国存在用药空白、短缺或产品落后的其他高发、多发性疾病，严重危害生命健康的罕见病，技术落后的儿童用药，开展相应的新产品研发及生产。

（四）中药

完善中药质量标准体系，提升中药全产业链质量控制水平。围绕重大疾病及中医药治疗优势病种（如慢性病、疑难病等），重点开展经典名方和确有临床疗效的中药新品种的开发生产。

结合对藏药、维药、蒙药等民族药的系统整理，重点开展具有民族医药理论特点、资源特色和治疗优势的民族创新药的研发和生产。

针对重大疾病，利用我国特色天然药物资源，开发一批有效成分明确、作用机理清楚、剂型先进的有效成分或有效部位新药。

（五）医疗设备

实施国家医疗器械标准提高行动计划，提升医疗设备的稳定性和可靠性。重点开发数字化 X 射线机、多层螺旋 CT 机、超导磁共振成像系统、核医学影像设备、超声成像设备、医用直线加速器、聚焦超声治疗系统、医用手术机器人、血液透析设备等。重点开发用于血细胞、生化、免疫等分析的自动化临床检测系统及配套试剂；全自动生化设备。重点开发普外及专科手术室成套设备和高性能麻醉工作站、无创呼吸机等。重点开发安全性和可靠性高，应用数字化和信息化技术的普及型医疗器械。重点开发高效崩解剂、共加工辅料、安全性高的包衣材料和注射剂用辅料等。重点开发和生产符合 GMP 要求的无菌原料药干燥、后处理及包装设备，缓控释等新型制剂生产设备等。

X 射线正电子发射断层成像仪、正电子发射型断层扫描及磁共振成像系统、磁共振成像仪、X 射线计算机断层摄影设备、医用直线加速器、彩色多普勒超声成像系统、专科超声诊断设备、电子内窥镜、聚焦超声肿瘤治疗系统、全自动生化检测设备等核心关键部件。

（六）医药新材料

加强药用辅料和直接接触药品的包装材料和容器的标准体系建设。推动仿生医学、再生医学和组织工程与生物技术的融合，促进新型高生物相容性医用材料的研制和产业化；创制涂药支架、人工瓣膜、骨修复材料、人工关节、人工皮肤等医疗器械产品。开展碲锌镉晶体、稀土闪烁晶体及高性能探测器件产业化技术攻关，解决晶体质量性能不稳定、成本过高等核心问题，满足医用影响系统关键材料需求。大力发展医用增材制造技术，突破医用级钛粉与镍钛合金粉等关键原料制约。发展苯乙烯类热塑弹性体等不含塑化剂、可替代聚氯乙烯的医用高分子材料，提高卫生材料、药用包装的安全性。提升医用级聚乳酸、海藻酸钠、壳聚糖生产技术水平，满足发展高端药用辅料的要求。

六、服务型制造和技术改造服务体系

支持医药企业研发数据和构建智慧医疗云服务平台，建设和整合疾病临床信息数据库、生物样本库、化合物库、中药化学成分库、药物杂质标准品库、药品包材添加剂数据库，实现数据和资源的开放共享；鼓励发展“互联网+医药”，研发智慧医疗产品，开发应用具备云服务和人工智能功能的移动医疗产品、可穿戴设备，各种类型的基于移动互联网的健康管理软件（App），建立远程监护、咨询的远程医疗系统；加强对健康医疗大数据的开发和利用，发展电子健康档案、电子病历、电子处方等数据库，实现数据资源互联互通和共享，指导疾病诊治、药物评价和新药开发，发展基于大数据的医疗决策支持系统。

鼓励发展合同生产、合同研发、医药电子商务、生物技术服务、医疗器械第三方维护保养等新型服务模式；围绕生物技术药物和化药制剂，鼓励建设专业从事合同生产为主的高标准药品生产基地；鼓励医疗器械、制药设备企业开展产品延伸服务，从提供产品向提供整体解决方案转变，建设第三方检验中心、影像中心、透析中心和病理中心；推动家用、养老、康复医疗器械的开发和应用，适应人口老龄化的需要，培育新的健康消费需求；鼓励医药流通企业发展现代医药物流，采用信息技术实施供应链管理，整合上下游资源，打造全产业链服务模式，提高供应链管理效率；鼓励零售药店发展规范化直营连锁，延伸业务范围和服务内容，充分发挥执业药师药学服务作用，满足消费者多层次、多样化的健康需求。

第十一章　轻工行业

一、创新平台

构建和完善家电、五金、钟表、家具、文房四宝、照明、皮革、制笔、日用陶瓷、日用玻璃、化妆品和礼仪休闲等行业创意创新设计平台，智能家电云服务平台，食品安全公共服务平台，工业酶制剂评价与创新平台；建立产酶微生物菌种库，建立新型酶制剂产品生产示范基地；建设洗涤剂原料与产品性能测试及质量安全风险评估平台，各类洗涤产品模块化设计平台；建设溯源法塑料包装卫生安全管理平台；建设家电、皮革、五金、家具、塑料、表面活性剂等产业集群协同创新服务平台，个性化定制及网络制造平台。

二、基础能力

（一）基础零部件

家电行业永磁无刷电机、无油离心式压缩机、永磁同步电机压缩机、变频控制器、微细管径高效换热器、全铝微通道换热器、传感器；造纸行业稀释水流浆箱、靴式压榨、钢制扬克缸、关键专用传感器、磨浆机耐磨膜片、膜转移涂布机、可控中高软压光机等关键设备及部件；电池钢壳；高档自行车变速器；缝制机械行业旋梭、机针、弯针、螺钉、轴、杆、凸轮、齿轮、球类零件等加工工艺复杂、承受交变负载、使用在关键部位、对缝纫性能影响大的零件和异形传动零件工艺的研发应用。

（二）基础材料

电池行业高容量、长寿命动力电池正极、负极、隔膜、电解液等关键材料；长寿命高能量密度锂离子电池电极材料，耐高温高压电池隔膜，超级电容器新型碳材料，耐高压电解液和新型添加剂等高性能电池材料；代铂催化剂、高效质子交换膜等燃料电池用新材料；碳纤维板栅，泡沫石墨，陶瓷隔膜等铅蓄电池用新材料；家电行业高性能非稀土磁性材料、空调器 R290 环保冷媒系统润滑油和高绝热材料。

塑料行业高性能、低成本生物降解塑料，无卤阻燃剂塑料制品，高性能特种及改性工程塑料，超高强度低压聚乙烯强力膜，氟塑材料，碳纤维材料，新型抗菌高分子材料，高分子基材血液净化材料，先进树脂基复合材料，高阻隔 BOPA 膜及其专用树脂；食品和饮料包装用高（氧）阻隔性材料、生物质塑料包装材料、可再生包装材料；金属笔头材料，非金属材料滚珠笔头，新型记号笔专用基础材料；纸基复合材料；无铬鞣剂，专用脱毛酶制剂及配套助剂材料；安全环保型和特殊功效型表面活性剂、生物基表面活性剂；搪瓷瓷釉静电粉和搪瓷瓷釉预磨粉材料；眼镜镜片用高性能树脂单体材料，功能镀膜材料；新型环保牙膏用磨料和口腔生物活性材料，牙釉质再矿化新型生物材料。

（三）先进基础工艺

家电行业高效变频电机技术、变频控制技术，空气源热泵的低温制热技术。塑料行业水性与无溶剂型聚氨酯合成革制备工艺及技术，功能性高分子材料超临界 CO_2 微发泡成形技术工艺及技术，高性能、高值化 PVC 制品工艺技术及装备，高性能氟材、改性聚酯农用棚膜制备工艺及技术，高安全性食品包装用无溶剂复合膜生产技术，废旧塑料高值化利用技术，宽幅多层共挤与在线涂敷集成的聚烯烃农膜生产技术，超高分子量聚乙烯管、超大口径钢带增强聚乙烯螺旋波纹管生产技术，高分子材料微纳多层复合制品制备技术，高分子材料可控制备与成形技术，全生物降解聚合物薄膜材料吹塑成形和高密度高强度发泡塑料芯材的清洁制备技术，功能性食品软包装涂装减材与单材化技术，挥发性有机物（VOCs）高效净化治理技术，高分子材料 3D 打印技术。

陶瓷行业坯釉料标准化生产技术、花纸装饰技术及装备、施釉新工艺新方法、原料标准化生产技术、成形设备自动化生产线等。智能化缝制设备制造及数字控制技术。自动化、高性能制革制鞋装备技术。电脑控制制帮、定型、鞋底生产等设备及制鞋自动化生产线。新材料（包括复合材料、轻合金、低合金钢等）自行车制造技术。电池行业新型电解液、负极材料制备技术，铅炭电池工艺，锂离子电池隔膜涂覆工艺。在灯具行业产品研发和定制化生产中 3D 打印技术的应用。工业酶制剂高效发酵生产及绿色应用技术，有机酸高效发酵与系统集成技术，L-苏氨酸高效生产新技术新工艺，基于代谢工程的蛋白酶、脂肪酶高效控制发酵技术，淀粉糖的绿色制造技术，L-色氨酸高效生产新技术新工艺。新型高效清洁产品生产工艺，绿色表面活性剂产业化及其在液体洗涤剂中的应用技术，无溶剂超浓缩衣用液体洗涤剂和油脂基阴/非离子表面活性剂制备技术，低泡型表面活性剂和高质量醇醚羧酸盐（AEC）生产工艺。

食品生物工程绿色制造工艺，食品非热杀菌技术。造纸清洁生产与节能减排降耗先进工艺，造纸原料生物质精炼技术，纸浆无元素氯漂白技术。手表主夹板精密柔性加工工艺，手表弹性元件——游丝发条精密加工工艺技术。固态发酵领域智能制造和机器人技术。无铅易切削不锈钢笔头技术。高端纤维复合材料体育运动装备技术。碳纤维复合材料降解再利用技术。木质家具低挥发性涂料和水性胶黏剂应用技术。化妆品用天然植物原料有效成分提取技术。

三、智能制造和工业互联网

基于机器视觉和物联网的智能缝制技术应用，推动自动接单、智能排产、智能物流、智能装配、智能发货的家用电器供应链建设；家电、家具、文房四宝、玩具、皮革、日用陶瓷、日用玻璃、五金、食品等产品个性化设计和定制示范；造纸、食品、表面活性剂、家电、五金、塑料、自行车、照明、钟表、文体、制笔、缝制机械、轻工机械等生产装备信息技术和智能技术的嵌入式应用示范；造纸、食品、发酵、制糖、皮革、电池等行业生产过程两化融合控制系统、节能控制、清洁生产和污染治理信息技术应用示范；食品行业灌装设备智能制造平台和面向数字化饮料工厂的安全智能立体仓储系统的应用示范；近红外在线检测及快速检测平台建设。支持洗涤用品数控智能化生产、包装系统的应用示范；基于智能照明技术的智慧城市管理示范；眼镜定制设计加工和智能手表等可穿戴设备的推广应用。基于网络技术的洗涤设备在线化、数据化技术及系统，打造高效智能自动化洗涤工厂。基于 RFID 技术，实现信息管理和洗涤过程跟踪管理。支持网络化智能商用洗衣烘干机及智能绿色干洗技术。

建设满足企业内全要素连接的网络系统，包括工业生产装备、生产线的网络化升级，原材料管理、生产执行与监控、物流管理等系统的网络化升级与建设，覆盖产品全生命周期和全供应链，实现 IT 网络与 OT 网络互联互通，形成同行业网络化改造的标杆模板。面向轻工业行业建设工业互联网标识解析二级节点，建立工业互联网标识解析采集系统，开展产品全生命周期管理等工业互联网标识解析应用。建立轻工业行业工业互联网平台，打通行业全要素、全产业链和全价值链的全面连接，支持数字化管理、网络化协同、服务化延伸、智能化生产及产融结合等新模式发展。建设基于安全的标识技术体系的轻工业防伪追溯大数据平台，形成原料、生产、销售等环节全生命周期的追溯信息，实现轻工行业产品全链条防伪与追溯应用。

四、绿色制造

（一）绿色制造

1. 皮革。制革及毛皮无铬鞣制技术、皮革及毛皮加工废液的循环利用、含铬皮革固体废弃物制备胶原蛋白的改性技术、利用革屑制备环保再生纤维革技术、制革酶辅低硫少灰保毛脱毛技术、低温酶脱毛技术及配套材料生产技术、集成的制革和毛皮加工减排应用技术、制革固废生产环保型助剂技术。毛皮及制革加工废水循环利用集成、少铬排放技术。水性胶黏剂和反应型热熔胶黏剂应用技术，挥发性有机物全流程量化管理技术。

2. 电池。高比能量和高比功率无汞扣式电池、高功率长寿命碱性锌锰电池和其他新型环保一次电池。新能源储能蓄电池和新能源动力蓄电池。太阳能与风能储能密封蓄电池，微混电动车用卷绕式起停电池，电动汽车用动力密封蓄电池和卷绕式密封免维护铅蓄电池、超级电容电池、铅碳电池、双极性蓄电池、水平铅布蓄电池等新型蓄电池。氧化银电池无汞化，锌空气电池无汞化，扣式碱性锌锰电池无汞化，锌锰电池无汞、无铅、无镉化，铅蓄电池无镉化，废旧锂离子电池资源化梯级利用技术。

3. 塑料制品。生物基塑料及其制品，生物降解农膜。聚烯烃塑料的长效长寿命低成本加工技术，高档医用塑料，热塑性树脂超临界流体发泡材料。聚氨酯泡沫、挤出聚苯乙烯泡沫替代含氢氯氟烃（HCFC）发泡剂的生产设备和安全生产技术。合成革清洁生产关键材料和产业化技术、水性聚氨酯合成革生产技术、定岛和不定岛超细纤维聚氨酯合成革生产技术。超临界二氧化碳发泡塑料制品产业化技术、废弃交联塑料及多层复合薄膜的高值化回收利用新技术。废塑料再生利用先进生产线和分选技术。塑木材料和产品的先进制造技术。无溶剂合成革生产技术。电磁替代电阻加热技术。推广无酸缩合生产工艺替代有酸缩合生产工艺、改进尿素法 ADC 发泡剂生产工艺（配套多效蒸发技术回收缩合母液中氨氮）等技术。功能性异材多层复合塑料膜原位合金化循环利用技术，废旧塑料薄膜（多层功能性复合膜）高值化利用技术，再生塑料短流程生产环境友好型塑编制品技术。

4. 洗涤用品。以天然可再生资源为原料的表面活性剂新产品，应用绿色活性成分的洗涤剂技术，开发应用高效洗涤剂助剂及洗涤剂。高浓缩系列洗涤剂（粉、液）技术。洗涤剂的节水、节能环保新工艺技术开发与应用。固体脂肪醇聚氧乙烯醚硫酸钠表面活性剂的生产技术、“油改水”在乙氧基化生产工艺中应用技术。

5. 五金制品。燃气用具、吸油烟机、淋浴房等新兴五金产业新技术、新产品的开发和产业化，应用低氮、冷凝燃烧技术和自动恒温防冻热水的燃气热水器和中央热水系统、应用聚能燃烧技术的燃气灶具、应用淋浴水循环利用节水技术和全热回收节能技术的节水节能型淋浴房、应用智能技术的锁具、应用重力铸造技术、限流技术、恒温技术、延时自闭技术、无铅阀芯技术生产节水节能智能型水龙头，采用燃烧技术、全预混燃烧技术解决方案，制造节能燃气具产品。应用聚温技术、纳米级涂料及钛金属的炊具产品。

6. 家电及照明电器。房间空调器采用低碳环保制冷剂丙烷（R290）替代 HCFC-22 技术；推广零部件的通用化、模块化设计；提高产品全生命周期的资源利用效率。LED 照明产品生产技术，灯具零部件的 3D 打印技术。以发展高效照明产品为重点，逐步淘汰白炽灯和含汞的气体放电电光源。

7. 日用玻璃、陶瓷及搪瓷。轻量化玻璃瓶罐生产技术；节能环保型玻璃窑炉的设计、应用；提高废碎玻璃处理质量、加大废碎玻璃使用量。低温烧结高品质日用及卫生陶瓷材料技术。高效节能环保型日用陶瓷窑炉关键技术、工业废弃物在陶瓷行业再生利用技术。高档骨瓷、滑石瓷、高档色釉瓷和无重金属溶出的绿色日用陶瓷。搪瓷瓷釉静电干粉生产技术、搪瓷瓷釉预磨粉生产技术、搪瓷生产废气处理及环境保护技术、瓷釉熔制炉节能降耗技术、废水深度处理与回收利用技术。

8. 制笔及造纸。采用生物降解材料、环保水性漆制造笔及纸杆、纸卷等低碳笔类产品；研发具有特种功能的记号笔及与新型笔类产品相配套的各种墨水；研发新型环保笔头金属材料、新型环保高分子笔头、新型环保记号墨水和新型环保乳化墨水；研发纯植物油基胶印油墨、UV-LED 紫外光固化油墨等。新型稻麦草备料系统；高硬度大液比置换蒸煮技术；中高浓输送、筛选技术；氧脱木素技术；高效节能的废液浓缩技术；非木材纤维原料清洁制浆技术；秸秆制浆废液精制有机肥及有机生物质综合利用技术等。

9. 食品。制盐行业推广应用热压制盐（MVR 技术）、五效蒸发，石灰烟道气净化卤水、膜技术卤水净化工艺，发展浓海水综合利用制盐。基于设施农业生产技术的果蔬供给、重金属源头控制；粮食和果蔬加工行业综合开发利用糠麸、果渣等副产物。肉类加工行业推广应用现代化生猪屠宰成套设备，发展骨、血综合利用精深加工等。白酒酿造与沼气发酵发电联产，酒糟转化加工蛋白饲料。啤酒废酵母深加工利用。制糖行业，甘蔗自卸和预处理除杂技术、甜菜干法输送技术、膜法制糖技术、甘蔗糖厂低氮燃烧技术，以及发展蔗渣联产发电、废醪液制备生物有机肥及液态肥等。发酵行业采用新型分离提取、高效节能蒸发技术。食品行业废水深度处理与回收利用技术。茶渣、果渣、咖啡渣等副产物综合利用技术。

（二）安全生产

危险工艺岗位实现机械化、自动化作业，机器设备安全防护升级。毛皮有机溶剂脱脂溶剂回收系统。不符合现行相关标准规定的粉尘、可燃气体爆炸危险场所企业进行安全技术改造，包括通风除尘、粉尘爆炸预防、爆炸控制及电气联锁等设备设施；车间除尘、吸尘、滤尘等设备、设施。作业环境空气含尘浓度、温度、相对湿度和压力监测报警系统。不符合现行消防要求的设备设施企业进行安全技术改造，剪、冲、压设备，高低温、高腐蚀的设备设施，储存和使用有毒有害物质的设备设施安装监测报警装置。安全管理、监控预警与应急救援辅助决策信息系统推广应用。

五、质量提升

（一）家电

采用节能环保、变频、智能等技术，改造提升电冰箱、空调器、洗衣机及冰箱压缩机、空调器压缩机、直流无刷电机等关键零部件的制造水平；采用大容积、多门、多温区、无霜等生产工艺技术设备改造电冰箱生产线。家用吸油烟机洁净性能升级改造；电机生产线的技术升级改造；高效换热器技术改造。空气净化器用高性能过滤器升级改造；空气净化器空气检测模块升级改造；净水器超低压大通量反渗透膜升级改造；净水器模块化滤芯升级改造；净水器管阀集成模块升级改造。CO_2热泵热水器压缩机技术改造；产品回收标识推广和废弃电器处理技术、装备技术改造。低导热绝热技术改造，保温材料改造（导热系数降低 20%）；高效变频压缩机技术改造（提升压缩机效率 10%）；高效风冷无霜大容量变频电冰箱技术升级改造（提升化霜环境能效水平）。

（二）塑料制品及洗涤用品

采用塑料节水器材和长寿命（3 年及以上）功能性农用薄膜生产先进技术、绿色建材及特种管材生产技术、高气密性节能塑料门窗生产技术。绿色高性能橡塑新材料稀土功能助剂的开发和应用技术；非聚烯烃超长效农用功能性棚膜；高分子体系专用稳定剂；采用新型环保阻燃塑料制品生产技术、新型免喷涂塑料生产技术，更新改造生产线；推广生物分解材料及产品的应用。采用高安全性表面活性剂、绿色、功能化表面活性剂制备技术、高效洗涤剂助剂技术，功能化浓缩化洗涤剂制备技术，更新改造现有生产线。

（三）皮革及缝制机械

采用高档鞋面革、沙发革、服装革、汽车坐垫革制造技术，改造提升制革及制品生产线。智能缝制设备和机壳柔性加工生产线技术改造。

（四）钟表、自行车和衡器

机械手表机心主夹板精密制造技术改造，机械手表弹性元件技术改造，电波表机心技术改造。多功能机械钟表、电波钟表（含时间同步系统）、指针式石英钟表、运动计时仪器，国防用计时仪器产业化，高精度钟表和低功耗石英机芯，石英表机芯自动生产线改造。电动自行车锂离子电池安全性能提升和电控系统匹配升级改造。小型化、智能化、高精度称重传感器及衡器技术改造。

（五）日用玻璃、眼镜和文教体育用品

高档玻璃器皿、耐热玻璃器具、医药用中性 5.0 玻璃、无铅水晶玻璃、轻量化玻璃瓶罐制造。渐进多焦点、非球面、自由球面眼镜片的设计、加工技术和装备，眼镜片各种镀膜技术和装备。电动跑步机智能装配车间，老年人健身康复器材，老年人电动跑步机，美工刀装配、包装自动化，文具产品包装流水线。

（六）食品

建立健全食品企业诚信管理信息平台、产品质量可追溯体系和冷链配送体系。制盐行业，根据需求开发食盐品种，发展绿色食盐，推广使用新型抗结剂。农副食品加工行业，升级改造设备和生产环境，提升产品质量检（监）测能力。酿酒行业，推动白酒、葡萄酒、黄酒、啤酒和白兰地等生产过程机械化、自动化和智能化，提升副产物综合利用率。制糖行业，加快推进工艺装备自动化、智能化改造，支持产品多元化发展，加快食糖产品质量追溯体系建设，鼓励食糖包装多样化和轻量化等。发酵行业，发展高附加值、小品种氨基酸、新型有机酸、功能发酵制品、酵母制品及新型酶制剂，加快发展益生元、益生菌系列产品，进一步推动食用酵素生产。加快发展天然提取的食品添加剂，加大天然原料来源的调味品产品的开发和利用。饮料行业，加大营养健康型产品、低糖和无糖产品的研发力度和创新投入，加快非浓缩还原（NFC）果汁、高含量果汁饮料、茶饮料、

蛋白饮料、发酵饮料、功能性饮料、营养素补充饮料的发展，加大植物基原料功能性研究及在饮料产品中的应用。粮食加工行业，进行节粮技术改造，推进稻谷烘干，提升副产物综合利用率。油脂加工行业，提升油料自给能力，提升副产物综合利用率。

（七）轻工装备

大型制浆生产线及非木浆置换蒸煮设备，推广年产 20 ~ 30 万吨漂白硫酸盐木（竹）浆生产线、年产 15 万吨脱墨废纸浆和 30 万吨废纸浆生产线、年产 10 ~ 15 万吨高得率化机浆生产线等。高速、宽幅、智能化、节能型文化纸机、板纸机、卫生纸机，推广幅宽 2.8 米以上、车速 1600 米/分以上的卫生纸机，幅宽 6 米以上、车速 1500 米/分以上的大型高速文化纸机和幅宽 5.6 米以上、车速 1000 米/分以上的纸板机。高效节能隧道式成套洗涤装备。中央洗涤工厂的大规模集成智能化配套设备。使用新型干洗溶剂作为介质的新型干洗设备。高效、节能的大型烘干和熨平设备。洗涤布草、物料智能分拣和传输系统。高效、功能性、环保型表面活性剂清洁、高收率工艺技术及配套成形设备，无溶剂浓缩化液体洗涤剂、窄分布醇醚催化剂绿色制造工艺及装备、二噁烷高效脱除装备。化妆品高精度称重灌装设备（CPK 精度大于 1.33），化妆品生产过程伺服运动控制及驱动技术和机器人技术的研究。

轻量化玻璃瓶罐成形机，玻璃器皿压吹生产设备，玻璃制品自动爆口、抛光机，自动化托盘包装设备，玻璃瓶罐在线检测设备等。日用陶瓷等静压、滚压、干燥、施釉一体化生产设备，快速干燥、机械手施釉设备。日用搪瓷产品机器人涂搪集成设备，干、湿法静电喷涂搪瓷生产线及回收系统，瓷釉自动化、智能化生产的计量、配料、输送、熔制、成形装备系统。塑料多层共挤薄膜机，多层共挤超大型中空成形机，XPS、PU 挤出发泡保温板生产装备，大口径塑料双壁波纹管生产线，注塑机专用伺服电液系统等；挤出成形一体化成套装备、高效节能塑料加工成形关键技术及装备，农用生态膜智能装备。中性笔、笔芯（圆珠笔、笔芯）自动化装备。多工位高精度笔头加工设备。LED 照明产品自动组装设备及适用于多种规格产品的柔性加工设备。锂离子电池自动化生产线；环保型高性能铅蓄电池连续式极板生产装备；封闭式全自动分板刷板（耳）装备；管式极板自动化挤膏生产装备；电能回馈式充放电机。

建立 2.4 万盒（罐）/时以上饮料、乳品干法无菌纸盒（罐）包装生产示范线；3.6 万瓶/时 PET 瓶装饮料、乳品干法无菌高速智能灌装生产线。基于过程控制技术的液态食品原料前处理、高速灌装加工技术及关键成套装备，基于大数据采集与分析的食品原料纯净化与品质管控系统，视觉在线检测技术与装备，高速旋转式 PET 瓶吹瓶机、高速无菌吹灌旋盖一体机、高速食品标签贴标机等灌装核心设备，1800 立方米/时以上无油高压空压机、食品及饮料在线和离线检测用分析仪器等辅助设备，6～9 万罐/时高速智能易拉罐和 4～5 万瓶/时啤酒智能灌装线及高速无菌砖式灌装机成套设备，啤酒高速桶装生产线（大于 400 桶/时），小包装食用油脂高速灌装成套生产线，食品包装专用机器人，智能立体仓储系统等。基于双粗和双精塔的酒精制备装置。甘蔗自卸及除砂系统，甜菜卸车除土堆垛机，甜菜干法输送与预处理系统，∅1300×2600mm 超大型甘蔗压榨机组，甘蔗大型渗出器和甜菜立式渗出器，高速全自动包装系统。

（八）轻工新材料

太阳能电池背板用 PVF 膜和 PVDF 膜。高比能量安全型锂离子电池电解液，超级电容器隔膜材料。制冷压缩机用无石棉密封材料。人工宝石新材料。耐温绝缘纸，特高压变压器用低介损绝缘纸，超级电容器用纸基介电材料，车用新型空气滤纸，空调用节能环保滤纸。以氨基酸、有机酸、多元醇等衍生物合成功能性生物基材料。浓缩液体洗涤剂用绿色表面活性剂，浓缩型、节水型液体洗涤剂。高性能陶瓷辊棒，高性能陶瓷膜材料，高性能特种陶瓷铸造砂，高性能陶瓷热交换材料。

连续纤维增强热塑性复合材料，玻璃纤维增强热塑性预浸片材，碳纤维增强热塑性预浸片材，热塑性板材。碳纤维增强聚合物基复合材料。半芳香族聚酰胺，热致液晶聚合物（LCP），触摸屏 ITO 膜用硬化 PET 膜等光学膜。TPEE（热塑性聚酯弹性体）无孔透湿防水功能薄膜，光温控制型纳米防病虫害转光助剂/转光农膜。新型柔性塑料屏幕，3D 打印用降解塑料，免钢衬聚酯合金 PVC 门窗型材。新型显示器用多层陶瓷电容器（MLCC）离型膜聚酯基；生物基高分子材料用稀土功能助剂。聚合物基智能温控贴膜，含杂萘联苯结构系列高性能工程塑料，热塑性聚酰亚胺特种工程塑料树脂，纳米天然纤维复合材料透明膜，聚合物基 3D 打印材料。

新能源电池、环保产业、电子信息产业用功能性膜材料。高效污水处理及除尘用氟塑料制品，生物基降解农用薄膜。适用于苛刻环境、可替代进口的特种塑料制品，航空航天等高端领域用特种工程塑料制品。二氧化碳可降解塑料，PBS/PBAT/BSA 等聚酯类可降解塑料。汽车用高性能塑料材料，汽车内饰用改性聚丙烯材料，汽车结构件用长纤维增强聚丙烯（LFT-PP）复合材料，汽车外饰用改性聚丙烯材料，汽车内外饰用改性丙烯腈-丁二烯-苯乙烯共聚物（ABS）材料。生物质热塑复合材料，生物降解地膜。薄膜型 LNG 储运用增强阻燃绝热聚氨酯泡沫材料。超高透气聚烯烃微纳膜，超高强度低压聚乙烯强力膜，高性能氟材、改性聚酯农用棚膜。PET 湿法无纺布。

六、服务型制造和技术改造服务体系

鼓励个性化定制，重点在食品、家用电器、皮革、家具、五金制品、照明电器等行业发展个性化定制、众包设计、云制造等新型制造模式；鼓励轻工装备优势企业开展工程总承包总集成和交钥匙工程，向客户提供一体化系统解决方案；鼓励轻工企业建设众创平台，提升市场适应能力和创新能力；支持创意设计与轻工制造业融合发展，增强工业设计能力，推广以智能、绿色、协同为特征的工业设计技术，提升工业设计行业的创新能力和服务水平；鼓励支持企业建立设计创新机制、设立工业设计中心，提升轻工企业工业设计能力。

鼓励将互联网大数据服务融入轻工业管理与服务体系，建立社会化、专业化、信息化的现代物流服务体系，降低物流成本。鼓励轻工企业开展个性化定制、网络协同制造、信息增值等服务，探索柔性化生产等服务型制造新模式。强化服务型制造试点示范的引领作用，针对企业、行业、地区等不同主体，在现有优势基础上先行探索经验，重点开展轻工业改造提升试点示范，同时在个性化定制、工业设计、供应链管理、公共服务平台、标准培育等方面推进一批试点示范，为推广实施轻工业改造树立典型。

第十二章 纺织行业

一、创新平台

推动建设国家先进功能性纤维创新中心、高性能纤维及复合材料创新平台，过滤、医疗卫生、车用、防护等高性能产业用纺织品创新平台，纺织产业智能制造协同创新服务平台。

废旧纺织品回收综合利用服务平台，功能性循环再利用纤维创新设计平台，纤维绿色设计、绿色供应链系统集成平台，化学纤维及制品绿色制造创新服务平台，印染行业清洁生产、资源综合利用、污染治理技术创新与推广应用平台。

纤维材料、面料、家纺、服装等产业集群协同创新和供应链管理大数据综合信息服务平台，个性化定制及网络制造平台。支持建设省级以上重点实验室、工程实验室、工程研究中心、企业技术中心、技术创新联盟等技术研究基地。

二、基础能力

（一）基础零部件

高新技术纤维和功能性差别化纤维纺丝用喷丝板、网络器、计量泵、高速卷绕头、高频加热牵伸辊等，纺纱设备配套的高速锭子、纺锭轴承、高性能钢领及钢丝圈、高性能转杯、新型针布，自动络筒机用电子清纱器、高性能槽筒、捻结器，自动穿经机的关键零部件，高性能无梭织机用喷嘴、剑杆头、剑杆带、钢筘、钢片综、新型积极凸轮、电子送经装置、电子卷取装置、电子多臂、电子提花等开口装置，针刺机针板和针、针织用细针距织针、输纱器等，生丝电子检测仪器。

（二）先进基础工艺

大容量、柔性化、低成本聚合、纺丝工艺，无锑聚酯聚合与纺丝工艺，新一代共聚、共混、多元、多组分在线添加技术，高性能纤维稳定化、低成本化生产工艺，高性能纤维增强树脂基复合材料加工工艺，循环再利用纤维化学法生产工艺。高效产业用纺织品非织造成形工艺、立体编织、异形织造、特大型或重型织物成形工艺，多种材料、多重复合加工工艺，低能耗纺织上浆工艺；无浆料织造工艺；节能、少水低排放印染绿色加工工艺，新型纤维及多组分纤维混纺织物、多功能智能型面料等染整加工技术；纺织品、服装创意设计基础能力提升，纺织机械专用基础件应用先进复合材料制造工艺。

（三）基础材料

碳纤维、芳纶、超高分子量聚乙烯纤维、聚苯硫醚纤维、聚酰亚胺纤维、连续玄武岩纤维、聚四氟乙烯纤维、碳化硅纤维等高性能纤维及复合材料应用于航天航空、高铁、汽车、电力、油田、海洋和高端装备制造等。生物法 1，3-丙二醇、新溶剂法纤维素纤维、生物基合成纤维、海洋生物基纤维，产业用功能性高技术纺织材料在工程建设、环境保护、应急和公共安全、航空航天、交通、新能源、海洋、健康养老等领域的配套应用。

（四）产业技术基础公共服务平台

高性能纤维与复合材料轻量化服务平台，生物基纤维材料技术创新平台，新溶剂法纤维素纤维和无锑聚酯纤维绿色设计平台；高品质循环再利用纤维制造技术创新平台，环保聚合催化剂研制与产业化应用技术创新平台，化纤高效柔性制造技术创新平台，高温袋式除尘技术开发与应用公共服务平台，车用纺织品技术创新平台，化纤长丝超仿真纺丝与深加工应用技术创新平台。

三、智能制造和工业互联网

加强化纤设备远程监控管理系统、生产工艺仿真系统、在线质量监测及管理系统，加强智能化和信息化纺纱生产管理系统、织造车间数字化生产管理系统、基于机器视觉的纺织品外观在线检测系统、印染生产线数字化监控系统及关键技术。数字化颜色管理技术及电脑分色、制网系统；自动调浆、染液、助剂自动配送系统，印染生产全流程在线数据采集、动态监测和现场管控技术，配色、染色、运输、烘干等筒子纱染色工序全流程自动化生产技术；印染废水处理及深度膜处理中控管理系统。

基于工业互联网的纺织机械制造技术的研发与应用；基于 RFID 技术，研发并应用自动化缝制单元、模板自动缝制系统，智能吊挂系统、柔性整烫系统，自动立体仓储和物流配送系统，实现服装和家纺设计、制造、配送系统的智能化；开发专业化服装生产数字化控制系统，形成基于互联网平台的服装生产制造系统；加强纺织产业链订单驱动网络制造模式的开发与应用；智能家居云服务平台，基于物联网的服装制造工业云平台，基于物联网和云计算的时间同步系统等研究与应用。

智能化化纤生产线、智能化连续纺纱工厂及筒纱自动运输打包系统，智能化印染连续生产线和数字化间歇式染色车间，智能化非织造生产线，智能化服装生产线，智能化家纺生产线，智能化长丝织造生产线和数字化织造车间，智能化缫丝生产线，智能化针织（纬编、经编）生产线，毛衫智能生产线建设，全流程数字化工厂和相关智能制造标准体系建设。

推动纺织企业内外网互联互通改造。以工业以太网、时间敏感网络、边缘计算、工业无线等技术改造生产现场网络和系统，实现 IT 网络与 OT 网络相互融合，构建纺织行业企业内网改造典型示范。同时依托高可靠、广覆盖、大带宽的企业外网，实现服装、家纺等领域个性化定制、柔性化生产、制造资源共享、供应链高效协同、产品溯源等基于工业互联网网络的新业态与新模式。面向纺织行业建设工业互联网标识解析二级节点，建立工业互联网标识解析采集系统，开展产品全生命周期管理等工业互联网标识解析应用。

推动建立纺织行业工业互联网平台，打通行业全要素、全产业链和全价值链的全面连接，支持企业业务系统和工业设备上云，建立行业工业机理模型库，开发一批高价值工业 App、微服务及基于平台的系统解决方案，并在物料配方优化、工艺参数及产品设计仿真、生产过程建模与控制、设备故障诊断与远程运维等关键场景应用，引导建立基于工业互联网平台的生产线数字化系统。支持数字化管理、网络化协同、服务化延伸、智能化生产、个性化定制及产融结合等新模式发展。

建立健全纺织行业工业互联网安全监测及防护体系，识别行业企业工业互联网平台接入、数据安全等风险，在关键工艺环节加装网络安全监测装置，做好安全防范及安全合规自评估工作。

四、绿色制造

（一）绿色制造

1. 化纤及纺织品制造。高色牢度原液着色纤维、高精度熔体直纺在线添加及色丝熔体直纺技术开发与应用；标准化颜色色谱、智能配色管理与在线控制体系建立；生物基原料高效提纯及合成制备关键技术；丙交酯核心关键技术；聚乳酸纤维耐热性与染色性能优化关键技术；生物基聚酰胺聚合及纺丝关键技术；再生纤维素纤维绿色环保加工关键技术；万吨级新溶剂法再生纤维素纤维、海藻酸盐纤维、壳聚糖纤维、蛋白复合纤维产业化技术；再生纤维素纤维行业清洁制浆工艺，浆粕黑液、废水废渣、CS_2 废气治理与回收利用关键技术，酸站闪蒸一步提硝技术，绿色制浆及浆纤一体化技术等。化纤长丝织造免上浆技术；喷水织造绿色环保加工关键技术；喷水织机废水处理“零排放”技术。

2. 印染加工。针织物平幅染色、活性染料湿短蒸染色等少水节能印染技术。有机溶剂、超临界二氧化碳等非水介质染色技术。全自动筒子染纱，新型智能环保高速退煮漂联合技术，针织物平幅连续前处理和后处理工艺技术，少水节能冷轧堆染色，小浴比间歇式染色，数码喷墨印花技术，蚕丝织物数码双面印花加工技术，泡沫整理、物理整理等印染加工技术；新型、高效节能、数字化、连续化前处理、染色、印花和后整理技术及成套装备，羊毛无氯防缩技术，毛毯前处理、烫光工序中除油、油烟回收治理技术，毛毯全自动大花回圆网印花技术；高效节能麻纤维生物脱胶加工技术，麻织物生物酶处理、节能高效印染和后整理技术。

3. 绿色纺织化学。生态环保化纤催化剂、油剂和助剂，节能、低耗、易生物降解纺织浆料，高吸尽率、高固色率的新型染料，通用性好、稳定性佳、印花色牢度和清晰度高、鲜艳度好的喷墨印花墨水，高效环保型阻燃、三防等功能性后整理助剂，环保型浆料、染料和助剂等。

4. 废旧资源回收和再生利用。优化废旧聚酯原料处理与分级利用技术，开发醇解、杂质分离、聚合、纺丝连续化循环再利用纤维制备的产业化技术及装备，循环再利用纤维化学法（BHET）路线产业化关键技术，大容量物理法循环再利用纤维生产技术；废旧纺织品连续分拣、消毒、破碎、输送、分离、过滤等技术与装备，优化废旧纺织品预处理与分离技术、再生纺丝技术、再生制品生产技术，建立物理法、化学法兼济的废旧纺织品再生与循环利用体系。聚酯废水乙二醇与乙醛高效回收利用技术，大型锦纶聚合装置己内酰胺回收利用技术。

洗毛清洁生产及羊毛脂深度回收技术，麻类纤维废水处理及综合利用技术，丝胶蛋白回收利用技术，缫丝废水回收利用技术，长丝织造中水回用及处理技术，长丝织物退浆废水中丙烯酸酯类废浆料的回收与再利用等高效、低能耗污水处理与回用技术。

印染废水处理低污泥、低成本生化、高级氧化关键技术，印染废水分质分流及深度处理回用技术，高温废水热能与丝光淡碱回收利用技术，印染废气的治理及余热回收技术，污泥低温真空脱水干化技术、污泥无害化处理技术等资源综合利用技术及设备的推广应用。

再生涤纶、再生丙纶和废旧纺织品在过滤分离、土工建筑、交通工具、农业用、包装用等产业用纺织品领域的应用技术；土工合成材料及过滤与分离用、车用、农业用、安全与防护用等产业用纺织品的回收再利用技术及应用示范基地建设。

5. 产业用纺织品。在纺粘、水刺工艺的加热、烘干、热能回用等生产环节，应用节能降耗技术及后整理工艺废气回收、再利用技术；聚乳酸纤维及麻类纤维等生物可降解非织造布、可冲散可降解一次性医卫产品等在生态农业、水土保持、环境治理和保护等领域的示范应用和推广；绿色环保超纤材料制备应用技术。

（二）安全生产

安全生产管理、监控预警与应急救援辅助决策信息系统技术；改造企业防火救火、防雷、防静电等安全技术设施，健全安全生产预警体系；纺织企业有毒有害、易燃易爆气体泄漏、粉尘检测、火灾报警等系统应用技术；易燃液体储运装卸装置防静电设施及联锁紧急切断装置；综合整治纺织行业挥发性有机物，对有机溶剂新型储存、输送用材料的替代和生产过程密闭化改造；预防和紧急处置生产安全事故等功能的产业用纺织品材料的应用。

五、质量提升

（一）化学纤维制造

1. 差别化、多功能纤维。聚酯超仿棉产业链成套技术，化纤原液着色加工技术，新一代差别化聚酯及纤维高效节能直纺短流程生产技术，高性能、差别化纤维新型熔体复合纺丝技术，功能性切片及多元仿真差别化纤维生产技术，阻燃、抗熔滴、抗静电、防辐射、抗紫外线、新型导电、建筑增强、高强高模低缩等聚酯工业用纤维，超细旦、高强高模、耐高温锦纶，新型抗菌防臭、防蚊、防螨、负氧离子、光导活性炭、离子交换、相变储能、有机和无机纳米纤维，超导、智能纤维，中空纤维分离膜、医用生物纤维材料，腈纶原液染色、抗起球、抗静电、阻燃、抗熔滴、扁平腈纶纤维等差别化、功能化关键技术等。

聚对苯二甲酸丙二醇酯（PTT）、聚对苯二甲酸丁二醇酯（PBT）、聚癸二酸乙二醇酯（PEN）、低熔点聚酯（COPET）等纤维级树脂、纤维材料制备工艺技术及装备。

高效、低能耗、柔性化、智能化纤维加工技术及装备；多重改性技术与工程专用模块及其组合平台；表面构筑、等离子体加工、纳米结构、高能射线辐照交联等仿真加工技术。

2. 高性能纤维。（1）大容量稳定高效聚合、高速纺丝和连续碳化等碳纤维关键技术与装备，实现碳纤维低成本化、规模化和高稳定化生产技术；高强中模和高强高模等碳纤维品种制备技术，相匹配的纺丝油剂、上浆剂和纤维评价表征技术。（2）芳纶、聚苯硫醚纤维、超高分子量聚乙烯纤维、聚酰亚胺纤维、聚四氟乙烯纤维等有机高性能纤维的单体合成与提纯、纺丝原液聚合与高效脱泡、高速稳定纺丝、溶剂回收等关键技术与装备。（3）连续玄武岩纤维多孔拉丝漏板、工艺自动化控制、熔体掺杂改性等技术与装备，提升连续玄武岩纤维耐高温、耐碱等性能；连续碳化硅纤维生产技术，提高纤维的耐高温、抗氧化、耐腐蚀、防老化和力学性能。

3. 生物基纤维。（1）聚乳酸纤维耐热性与染色性能优化关键技术及产业化，PHBV/PLA 共混纺丝技术，PDT 聚合纺丝技术，纤维级 PBT 树脂合成技术优化与提升，万吨级生物基 PA56 纤维聚合与纺丝技术。（2）优化壳聚糖纤维、海藻纤维等海洋生物基纤维的原料绿色制备、原液着色、纺丝技术，优化超高脱乙酰度和超高黏度的片状壳聚糖原料提取关键技术，清洁环保的纺丝技术。

4. 循环再利用纤维。（1）优化废旧纺织品成分快速鉴别及分拣技术、废旧纺织品多组分混杂织物分离、再生纤维制造技术及应用技术。（2）高柔软性、高压缩弹性、抗菌、阻燃、远红外等功能化、差别化再生纤维生产；用于多规格、多系列再生色丝的专用母粒制备技术；再生常温可染涤纶、再生亲水涤纶、皮芯结构的低熔点涤纶等差别化功能性纤维的原位聚合、共聚合等技术。（3）聚丙烯（PP）/聚乙烯（PE）塑料混合回收技术，再生丙纶原料回收再利用技术。（4）聚酰胺纤维回收再利用关键技术。

（二）新型纺织技术推广应用

1. 纺纱技术。高速转杯纺、喷气涡流纺等新型纺纱技术，多组分纤维复合混纺和新结构纱线加工技术，粗细络联等自动纺纱技术，筒纱自动运输打包技术、棉纺织生产在线检测及监控技术、免松纱、免络筒技术，麻类纤维新型纺纱技术。

2. 天然纤维新型加工技术。麻纤维精细化加工工艺、技术及装备，山羊绒及特种动物纤维梳理关键技术，高品质、高附加值、功能性毛纺产品加工技术，桑蚕丝循环再生使用、生态天然彩色桑蚕丝研发及加工技术产业化，木棉等天然纤维素类纤维加工关键技术。

3. 织造技术。功能化、差别化化纤长丝仿真织造技术，功能性防寒服、防紫外线、吸湿快干、抗菌、阻燃等面料的织造技术，碳纤维、芳纶、玻纤等产业用特种织造技术；特宽幅、高经密、大提花加工技术、高速织造技术等；高性能特种织物织造技术，高仿真长丝织造技术及装备等，新型全成形编织技术、超薄超细面料针织技术、短纤纱经编技术，应用大卷装针织大圆机（高脚机）技术；喷水织机在生产短纤维纱线纬纱交织过程中实现在线除水与布面烘干技术；新型上浆工艺技术等。

4. 印染技术。吸湿快干、抗菌除臭、负离子、远红外等功能纺织品与多种功能复合整理加工技术；应用新型磨毛、轧光、机械柔软等整理技术和涂层、复合技术提升面料品质；新型纤维及多组分纤维面料染整关键技术；棉、麻、毛（山羊绒）、丝等天然纤维及特种动物纤维面料染整工艺技术的升级和功能性整理、易护理技术；新型染纱技术，牛仔布新型染色技术，纺织品极端气候条件下的防护技术等。

5. 产业用纺织品加工技术。产业用纺织品特殊织造和多工艺复合加工关键技术与装备，产业用纺织品涂层、浸渍、复合等功能性整理技术，防辐射、抗静电、防火阻燃、抗冲击、防割、防电磁波等功能性纺织材料应用关键技术；医疗与卫生用、过滤与分离用、土工与建筑用、交通工具用、安全防护用、结构增强用、海洋渔网具等高技术纺织材料产业化及应用关键技术。

6. 新型纤维应用加工技术。吸湿排汗纤维、中空保暖纤维、抗菌、负离子、远红外等功能性新型纤维纺纱和织造技术；芳纶、芳砜纶、聚酰亚胺、聚苯硫醚、超高分子量聚乙烯等高性能纤维纺纱及后加工关键技术。

7. 家纺产品加工技术。特殊功能毛巾产品加工技术，应用高仿真、功能性、生物基纤维的家纺产品加工技术，具有感知和调节功能的家纺产品加工技术，融合家纺与现代科技、家纺与非遗文化等高品质、功能性产品加工技术。

（三）服装制造

为服装全寿命周期的质量检测、评价、分析、验证等质量控制和技术评价服务的提升改造。骨干企业的技术研发、工业设计能力建设，服装创意设计能力建设。高附加值、差别化、功能性服装先进制造技术与产业化。

（四）纺织机械装备

1. 新型纤维材料生产装备。建立从纺丝、后加工到产品包装运输的全流程智能化长丝生产线和物流系统，实现化纤的生产、收集、检测、运输等环节的自动化和智能化，智能化短流程缫丝成套设备。碳纤维、新溶剂法纤维素纤维、聚乳酸纤维等成套设备；节能高效的高速纺丝机，化纤长丝高速卷绕系统、纱线张力的智能控制技术和精密卷绕成形技术；高强涤、锦单丝一步法纺丝设备与技术；化纤设备远程监控系统，及装备的多单元协同控制和大规模群控技术。

2. 数控非织造布生产装备。多种工艺在线复合成形和混合形非织造装备，宽幅高速梳理、铺网与针刺设备，与其他非织造技术结合的水刺装备；具有数字化远程诊断和实时监控功能的新型非织造布生产装备；高速梳理机、智能化多模头纺熔复合非织造布生产线、高效高产环保节能气流成网生产线；宽幅土工布非织造布生产线、聚酯纺粘针刺防水卷材胎基布生产线等。

3. 智能化连续纺纱装备。智能化纺纱生产关键技术，清梳联合机智能化管理技术，条并卷机与精梳机间棉卷实现全自动运转、自动生头技术，粗纱机与细纱机之间实现多台机间粗纱满、空管自动输送技术，细纱机粗纱空管与满筒粗纱实现自动交换技术，细纱机与自动络筒机间实现多台机组集中控制，实现设备生产过程、故障的远程控制、诊断等技术。采用智能化搬运机器人和运输设备，实现工序间物料自动输送技术。全自动转杯纺、喷气涡流纺等短流程纺纱设备；自动落纱粗纱机、细纱机长车、粗细联和细络联自动输送系统、自动打包和仓储系统、毛纺半精梳设备、山羊绒及特种动物纤维分梳设备等；麻纺新型梳理及纺纱等先进纺纱装备。

4. 数控机织装备。采用数字化控制技术，建立具有全面监控管理能力的数字化机织车间，实现机织车间的织机群控管理。数字化织布工艺、多台套织机生产管理系统；高速智能化整经设备、自动化浆丝（纱）设备、自动穿经机、高速剑杆织机、数控节能型喷气织机、特种纤维织机、宽重织机等新型装备；高速电子多臂、积极式凸轮开口机构等关键装置。整经、浆纱、织造过程中自动上落轴、自动装筒上纱，以及 AVG 自动导引运输系统控制技术。高速喷气毛巾织机、多浆槽浆纱机等新型装备。

5. 智能化针织设备。通过数据网络将针织设备与生产管理系统连通，实现对设备的集群智能控制，对设备状态、生产数据、工艺数据和花型数据进行在线监控。集成计算机辅助工艺设计系统，通过系统连网传送编织文件、设置编织参数、控制编织过程，实现机器分组管理。研发、推广全成形电脑横机、一步法全成形袜机、高性能纤维多轴向经编机等先进针织装备，细针距织针等专用基础件。基于机器视觉技术的纱线和疵点检测装置，实现面料质量在线检测，物料仓储、调度、输送智能化系统。

6. 数控环保型印染装备。建立智能化印染连续生产线和数字化间歇式染色车间，实现对机械参数、生产工艺参数、能源消耗和产品质量进行全方位实时监控，机台或单元机实现闭环控制；集成染化料自动配送系统，智能化废气、废水排放监控系统和能源回收监控系统，形成覆盖印染全流程的智能化监控系统。改进、升级印染生产线数字化在线监控系统，包括化学品浓度在线检测及自动配送系统、印染联合机高精度张力同步控制系统、定形机能耗监控系统。数控化印染主机装备，包括、全幅宽固定式喷头高速数码喷墨印花装备，机器视觉验布设备等。低耗能、低浴比气液染色机、数字化监控拉幅定形机、针织物连续练漂水洗机等节能减排装备。

7. 自动连续化成品生产线关键设备。数控服装、家用纺织品生产关键装备，建立包含验布、裁剪、缝制、熨烫、检验、包装、储运等全部工序的自动化生产线，家纺缝制、整理等成品生产专用设备制造。专用服装生产数字化控制系统，使设计系统与生产管理系统间的信息互联互通，形成建立在互联网平台上的服装生产制造系统。

8. 纺织专用基础件专用生产装备。纺织专用基础件的高效复合加工专用数控装备和自动化生产线，包括钢领、钢丝圈、织针、钢筘、锭子、梳理器材与底布、槽筒、针刺机刺针、假捻器摩擦盘、化纤生产用瓷件等专用复合加工生产线。纺织先进仪器测试机理，新型纺织仪器，生丝电子检测技术设备。

（五）纺织特种应用

特种化纤长丝面料织造技术，包括用于制作防弹衣、降落伞、特种服装、医用材料等所需面料的织造技术。碳纤维、芳纶、超高分子量聚乙烯纤维、芳砜纶、聚酰亚胺纤维、连续玄武岩纤维等高性能纤维的规模化生产与产品升级换代。多轴向经编、立体织造结构增强材料及防水透气、智能纺织品等高技术纺织材料。高技术纤维应用制造技术，防弹、防刺、防割等个体防护用装备技术与产品制造技术，伞、绳织造技术等。推动碳/碳复合材料、芳纶、碳纤维、超高分子量聚乙烯纤维、芳砜纶等高性能增强材料，防辐射、抗静电、防火阻燃、抗冲击、防割、防电磁波等功能性材料和技术在安全防护、大型船舶或钻井平台锚泊定位、高等级摩擦材料、耐高温材料、文体休闲材料等领域的应用。

（六）纺织新材料

低成本、规模化制备技术材料，包括碳纤维、芳纶、超高分子量聚乙烯纤维、聚苯硫醚纤维、聚四氟乙烯纤维、聚酰亚胺纤维、芳砜纶、连续玄武岩纤维等高性能纤维材料；PTT、PDT、PBT、PLA、PHBV、PBS、生物基聚酰胺纤维等生物基合成纤维；抗菌抑菌、导湿排汗、抗紫外线、相变储能、抗油拒水、防静电、防辐射、阻燃等功能性纤维材料；高强度、高稳定性、耐化学腐蚀、轻量化、抗菌抑菌、阻燃、抗静电、防刺防割、抗老化、防电磁波、高效高精度过滤等功能的纺织新材料。

高功能化、多功能复合职业工装和特种防护服装的设计制造与产业化；智能纺织品等高技术纺织品；在环境保护、医疗卫生、安全防护、建筑土工、工业过滤、结构增强、海洋工程等领域纺织新材料的应用技术。

六、服务型制造和技术改造服务体系

鼓励开展纺织工业设计服务。构建工业设计资源数据库、成果展示库、纺织实验室等设计服务平台，鼓励工艺装备创新设计，推进工艺装备由通用向专用、由单机向连线、由机械化向自动化的持续升级；鼓励开展基于个性化产品的技术、服务和商业模式创新，产业用纺织材料与应用企业，协同提高相关工程设计、施工和维护等服务型制造能力；构建满足个性化、多元化的客户服务要求；建设客户管理系统，通过客户体验中心、在线设计中心和大数据挖掘等方式，采集分析客户需求信息，增强定制设计和用户参与设计能力，开展大批量定制服务；制定服装测量方法标准，推动人体数据库建设和服装号型标准制定，提高三维人体测量、服装 3D 可视化及模拟技术的精准性和实用化。加强纤维新品种、功能性纺织品、产业用纺织品、纺织服务型制造等领域标准的制修订。开发自动化、数字化、智能化纺织装备，推进智能工厂（车间）建设，培育发展家纺、服装、数码印花等大规模个性化定制及服务系统。

支持打造全流程化智能服务体系。鼓励使用云计算、大数据、物联网等新技术，建成基于全产业链的“互联网+智能制造+个性化服务”供应链管理模式，前端整合优质设计资源，建设开放的设计平台，中端衔接产业技术创新机构与制造基地，后端延伸至市场服务营销，形成市场需求—研发设计—高端制造—市场营销的全流程闭环化智能服务体系。支持纺机制造企业为客户提供全生命周期的维护和在线服务，提供产品生产整体解决方案、个性化设计及电子商务等多种形式的服务；发展远程故障诊断与咨询、专业维修等新型服务形态。强化服务型制造试点示范的引领作用，针对企业、行业、地区等不同主体，在现有优势基础上先行探索经验，重点开展纺织制造业改造提升试点示范，同时在个性化定制、工业设计、供应链管理、公共服务平台、标准培育等方面推进一批试点示范，为推广实施纺织制造业改造树立典型。

工业企业技术改造升级投资指南

（2019 年版）

解读材料汇编

《工业企业技术改造升级投资指南（2019年版）》编制概况、作用和亮点解读材料

中国国际工程咨询有限公司

一、编制依据、原则及概况

制造业是国民经济的主体，是立国之本、兴国之器、强国之基。打造具有国际竞争力的工业尤其是制造业，是我国提升综合国力、保障国家安全的必由之路。技术改造是企业采用新技术、新工艺、新设备、新材料，对现有设施、工艺条件及生产服务进行改造提升，是淘汰落后产能、实现内涵式发展的投资活动，是实现技术进步、提高生产效率、推进节能减排、促进安全生产的重要途径。加快工业转型升级，促进工业由大到强，是未来十年我国工业建设的中心任务。

（一）编制依据

此次编制《工业企业技术改造升级投资指南（2019年版）》（以下简称《投资指南》）的政策依据主要包括：一是按照国家工业制造业"十三五"规划总体要求，参考了工业和信息化部有关智能制造、工业强基、绿色制造、服务型制造等"十三五"专项规划；二是参考了各工业领域的产业政策、相关规划和重点产业发展三年滚动计划；三是参考了国家近两年发布的各行业发展目录、产业政策及相关规划；四是参考了工业和信息化部相关业务司局及各行业协会提供的发展重点。

（二）编制原则

1．政策符合性原则。深入贯彻落实党的十九大报告精神，加快制造强国建

设步伐，推动实现经济发展由数量和规模扩张向质量和效益提升转变。培育壮大新兴产业，推动重点领域率先突破；优化升级传统产业，促进全产业链整体跃升；加快发展现代服务业，促进制造与服务协同发展；大力推进智能制造与工业互联网建设，促进信息化与工业化深度融合，促进工业化与互联网深度融合。本次修订工作要符合党的十九大报告、国家工业制造业“十三五”规划、行业“十三五”规划等相关要求。

2. 发展持续性原则。既要立足当前，针对我国制造业发展的瓶颈和薄弱环节，加快转型升级和提质增效，提高制造业核心竞争力和可持续发展能力；又要兼顾长远，把握产业变革趋势，数字经济正成为全球经济增长的重要驱动力，制造业加速向数字化、网络化、智能化方向延伸，软件定义、数据驱动、平台支撑、服务增值、智能主导的特征日趋明显，新工业革命与我国实施制造强国战略形成历史性交汇，我们必须充分把握变革趋势，充分体现在本次指南的修订工作中。

3. 重点突破性原则。选择各行业中具有基础性、战略性、全局性的领域，着力掌握关键核心技术，完善产业链条，围绕经济社会发展和国家安全重大需求，突出重点，实现率先突破。加大投入支持传统产业技术改造，集中力量突破关键共性技术和基础零部件、工艺和材料，瞄准新一代信息通信技术、高档数控机床和机器人、先进轨道交通装备、节能与新能源汽车、新材料、生物医药等重点领域，促进我国产业迈向全球价值链中高端。

4. 市场主导性原则。全面深化改革，充分发挥市场在资源配置中的决定作用，强化企业主体地位，激发企业在产业升级和技术改造中的活力和创造力；积极转变政府职能，加强战略布局和规划引导，落实竞争中性原则，加强公正监管，促进各类市场主体公平竞争，为企业发展创造良好生态环境。

（三）编制工作组织

《投资指南》修订工作由中国国际工程咨询有限公司（以下简称中咨公司）牵头承担，联合中国机械工业联合会、中国钢铁工业协会、中国石油和化学工业联合会、中国轻工业联合会、中国纺织工业协会、中国建筑材料联合会、中国有色金属工业协会、中国医药企业管理协会、中国船舶行业协会、中国汽车工业协会和中国电子信息行业联合会单位共同参与。修订工作历时近半年，无论是中咨公司还是各行业联合会及协会都组织了大量专业人员、专家学者、协会下属专业分会的有关人员共同参与；期间历经数稿修订，征求工业和信息化部相关司局和有关方面意见，力争使本次《投资指南》能够指导未来 3~5 年工业制造业的技术改造和转型升级。

（四）《投资指南》结构

本次《投资指南》整体架构横向划分为电子信息、机械、汽车、船舶、民用航空航天、钢铁、有色金属、建材、石化与化工、医药、轻工、纺织 12 个行业；在各章节中，纵向划分为创新平台、基础能力、智能制造与工业互联网、绿色制造、质量提升、服务型制造和技术改造服务体系 6 个部分。特别是在智能制造章节融入了工业互联网内容，绿色制造章节融入了安全生产内容，质量提升章节融入了高端装备内容，服务型制造章节 2016 年的版本并没有按照行业角度进行论述，在本次修订过程中，为了能够清晰体现各行业内完整架构，将原服务型制造章节内容进行了拆解并完善，同时将各章节命名及顺序进行了相应调整。

《投资指南》所列专业条目和技术指标，主要考虑在未来三年内能够实现关键技术突破和产业化内容；今后将结合技术和产业发展状况和新趋势，每三年对《投资指南》进行一次修订。

二、作用和意义

（一）指南功能

本次《投资指南》提出了企业技术改造和创新发展的重要方向，希望成为工业企业技术改造升级的有效指南，成为各级政府相关部门、金融机构开展工业投资项目相关工作的重要参考。

（二）指南作用和意义

《投资指南》将指导我国工业尤其是制造业向创新发展、智能发展、绿色发展、提制增效等方向转型升级，其作用和意义主要体现以下几个方面：

一是提高创新能力，推动行业技术进步。加强产业关键核心技术、产品技术、工艺技术、应用技术的研发；提高创新设计能力，攻克信息化设计、过程集成设计、复杂过程和系统设计等共性技术；建立产业创新联盟、产业创新中心和公共服务平台，推进科技成果产业化，实现行业技术不断进步。

二是推动企业技术改造，培育发展新兴产业。统筹推进核心基础零部件（元器件）、先进基础工艺、关键基础材料和产业技术基础（“四基”）的发展，推动整机企业和“四基”企业协同发展；鼓励企业提升质量控制技术，实现制造业质量大幅提升；加快制造业绿色改造升级，提高资源利用效率，构建高效、清洁、低碳、循环的绿色制造体系；推进企业技术改造，实现重点产业突破，培育和发展新兴产业。

三是促进两化深度融合，实现智能化发展和工业互联网创新应用。把智能制造作为工业和信息化深度融合的主攻方向。发展智能装备和产品，推进生产过程智能化，培育新型生产方式；开展互联网、物联网技术在制造领域的应用，实施工业互联网创新发展战略，着力打造网络、平台、安全三大体系；把握住新一轮工业革命和产业变革这一重点发展领域，全面提升企业研发、生产、管理和服务的智能化水平，提高精准制造和敏捷制造能力。

四是加快制造与服务协同发展，推动商业模式创新。大力发展与制造业紧密相关的生产性服务业，引导和支持制造业企业延伸服务链条，从主要提供产品制造向提供产品服务转变；加快生产性服务业发展，提高对制造业转型升级的支撑能力；强化服务功能区和公共服务平台建设，实现制造业和服务业协同发展。

五是引导社会投资方向，实现产业与金融的良好结合。进一步拓宽制造业融资渠道，引导金融机构创新符合制造业企业特点的产品和业务，通过多层次资本市场，支持符合条件的制造业企业在境内外上市融资、发行各类债务融资工具；引导风险投资、私募股权投资等支持制造业企业创新发展；运用政府和社会资本合作（PPP）模式，引导社会资本参与制造业重大项目建设、企业技术改造和关键基础设施建设。

三、指南重点和亮点

我们针对《工业企业技术改造升级投资指南（2016 年版）》（以下简称《投资指南（2016 年版）》）的结构及目录框架进行了调整：一是要体现各行业在创新、强基、智能、绿色等方面的具体内容，确保与党中央、国务院、工信部正在推动的行业重点工作做好衔接，充分发挥指南对各行业的引导带动作用，鼓励行业企业加大技术改造力度，推动产业高端优质发展；二是目录结构要兼顾企业、地方政府、金融机构等多方面的使用需求，条块结合，重点突出，各有侧重，既能体现行业内新技术新业态新模式，又能对智能化改造、绿色化转型、高端化升级、服务化发展等重点工作做好延展。此次《投资指南》与《投资指南（2016 年版）》相比，在专业条目、章节结构、内容重点等多方面有所调整，主要体现以下几个方面：

一是对《投资指南（2016 年版）》内容进行及时修订。本着对投资指南内容三年进行一次修订的原则，中咨公司及各行业联合会/协会组织了大量专业人员、专家学者、协会下属专业分会的有关人员，共同参与了本次指南的修订工作，针对涉及的 12 个行业，结合各行业发展历程，以及对未来三年企业技术改造方面具体条目，进行了相应的增加、修改或删除。针对未来 3～5 年有能力实现的关键技术及能够实现的产业化领域进行梳理，本着有所为有所不为的原则，实现重点突破，有利于金融机构按照最新的《投资指南》确定投资方向，有利于企业参考新版《投资指南》制定发展规划和实施技术改造项目。

二是突出创新发展、强化基础、智能制造、工业互联网、绿色发展和质量提升。随着国家创新驱动战略的实施，在制造业建立并形成一批产业创新中心，将其作为制造业创新的核心载体、公共服务平台和工程数据中心，共同构建制造业的创新网络；强化核心基础零部件（元器件）、先进基础工艺、关键基础材料和产业技术基础，实现产需结合、协同创新、重点突破，统筹推动整机企业和“四基”企业协同发展；将智能制造作为两化深度融合的主攻方向，着力发展智能装备和智能产品，坚持网络先行，加快工业互联网创新应用，为传统产业升级提供新型业态和应用模式；加大制造业绿色改造升级，推行低碳化、循环化和集约化，提高资源利用效率，构建高效、清洁、低碳、安全的绿色制造体系；持续提高产品质量水平、质量层次和品牌影响力，推动我国产业价值链从低端向中高端延伸，更深更广融入全球供给体系。

三是推动制造业与服务业的协同发展。促进生产型制造向服务型制造转变，大力发展与制造业紧密相关的生产性服务业，推动服务功能区和服务平台建设，推动商业模式创新和业态创新。引导制造业企业延伸服务链条，发展个性化定制服务、全生命周期管理、网络精准营销和在线支持服务，从主要提供产品制造向提供产品和服务转变。促进生产性服务业发展，加快发展研发设计、技术转移、创业孵化、知识产权、科技咨询等科技服务业，发展壮大第三方物流、节能环保、检验检测认证、电子商务、服务外包、融资租赁、人力资源服务、售后服务、品牌建设等生产性服务业，提高对制造业转型升级的支撑能力。

四是充分发挥第三方咨询作用。2019 年版《投资指南》仍然采用第三方咨询机构牵头修订的模式，充分利用第三方咨询机构和行业联合会/协会各方资源，共同开展投资指南专题研究工作，充分发挥中介机构科学性、专业化的作用，体现对产业发展方向的指导意义，显示出市场配置资源的主体地位，通过政府与市场合力协作的方式，推动中国制造业向新发展模式的转变，培育有中国特色的制造业文化。

电子信息行业解读材料

中国电子信息行业联合会

电子信息行业具有产业规模大、技术进步快、经济效益好、产业关联度强等重要特征，一直发挥着经济增长的“倍增器”、发展方式的“转换器”和产业升级的“助推器”作用，是我国国民经济重要的战略性、基础性和先导性支柱产业。当前，全球新一轮科技和产业革命孕育兴起，我国经济结构调整和新旧动能转换进入关键时期，信息技术和电子信息产业的作用地位更加突出。加强技术改造，是电子信息行业应对当前国际竞争加剧、改善产业结构、扩大内需市场、实现高质量发展的重要举措。

一、编制依据

改革开放以来，我国电子信息产业实现了从无到有、从小到大的重大转变，在国民经济和社会发展中的地位和作用显著提升。特别是党的十八大以来，产业发展不断取得新进展，核心技术逐步突破，市场规模不断扩大，专利和标准化成果丰硕，为制造强国和网络强国建设奠定了坚实基础，对经济社会发展的支撑引领作用全面凸显。2018 年，我国电子信息行业收入规模合计超过 16 万亿元；其中，电子制造业收入规模 10.6 万亿元，比上年增长 9.0%；软件业收入 6.3 万亿元，比上年增长 14.2%。但与世界先进水平相比，我国电子信息产业发展水平仍有一定差距，在发展中还存在一些困难和问题，例如，关键核心技术受制于人，产业总体上仍处于价值链中低端，代工制造和加工贸易所占比重较高，研发投入强度与发达国家相比尚有差距，资源配置较为分散，产业政策环境亟待完善，内需带动机制尚未健全。

在上述背景下，技术改造对电子信息产业的推动作用越来越重要，其内涵也正发生着深刻的变化。由于新技术、新产品层出不穷，技术改造已不仅仅针对某项产品，而更多的是针对某一类产品。随着信息化与工业化的进一步融合，还需要从整个产业链的角度来考虑技术改造，以提高其在整个产业链条中的技术水平和协同能力。需要注重从资源和流程重组、管理等方面对企业进行全方位改造，以优化制度和流程，实现与市场的紧密相连。因此，技术改造正在成为企业提高市场竞争力的重要手段，成为电子信息产业持续发展的强大动力。

二、作用和意义

技术改造具有投资省、技术新、消耗低、工期短、见效快、效益好的特点，是推动电子信息行业实现产品档次升级、质量提升、效率改进、节能环保的重要举措。一方面，技术改造属于内涵式发展，是加快企业技术创新、调整产业结构、推动产业优化升级、解决产业发展深层次问题的重要手段；另一方面，技术改造投资乘数效应大，杠杆作用显著，对于提振市场和企业信心，快速形成新的经济增长点，促进经济增长发挥着重要作用。

当前是电子信息行业实施技术改造的关键时期，技术改造必须坚持以市场为导向，以企业为主体，以结构调整为主线，以技术创新为动力，以提高经济效益为中心，充分利用现代信息技术改造和提升传统产业，着力推动技术改造与提升产业层次相结合、与推动企业创新相结合、与推动信息化与工业化融合相结合，把技术改造作为电子信息产业平稳较快增长的强有力措施，为新时代背景下的产业发展夯实基础。此次《工业企业技术改造升级投资指南（2019 年版）》（以下简称《投资指南》）的发布，是推动电子信息行业实现高质量发展的具体工作内容之一，是对重点领域的聚焦与深化，是具体政策实施层面的梳理与丰富，是实现电子信息行业转型升级的重要抓手。

三、电子信息行业发展的重点和亮点

本次《投资指南》突出战略性、先进性和指导性，紧密围绕产业发展规划和行动指南，从创新平台、基础能力、智能制造和工业互联网、绿色制造、质量提升，以及服务型制造和技术改造服务体系六个方面，提出了电子信息行业发展方向和投资重点，体现了政策符合性原则、发展持续性原则、重点突破性原则和市场引导性原则，是电子信息企业技术改造升级的有效指引。

《投资指南》立足基础、着眼高端。其中列出基础能力、智能制造和绿色制造章节。一方面体现出对夯实产业基础的重视，基础软件、核心零部件、基础材料、先进工艺等是我国电子信息行业的核心与基础，同时又面临着发展的瓶颈。这些领域投资强度大、技术难度高、附加值高，引领着信息技术的变革，直接决定电子信息行业的技术进步和产品升级。另一方面体现出对培育未来竞争优势的重视。智能制造和绿色制造是当前国际产业竞争的主流趋势，电子信息行业是推动智能制造和绿色制造的主要力量和重点战场。

《投资指南》紧密贴合高质量发展要求。其中列出质量提升章节，通过建成一批产业创新中心、公共服务平台和工程数据中心，构建电子信息行业的创新网络。通过强化核心基础零部件（元器件）、先进基础工艺、关键基础材料和产业技术基础，统筹推动整机企业和“四基”企业协同发展。将智能制造作为两化深度融合的主攻方向，着力发展智能装备、智能产品和推动生产过程智能化。通过推行低碳化、循环化和集约化，提高资源利用效率，构建高效、清洁、低碳、循环的绿色制造体系。

《投资指南》注重制造与服务协同发展。其中列出服务型制造和技术改造服务体系章节，促进电子信息行业生产型制造向服务型制造转变，大力发展与电子制造业紧密相关的生产性服务业，推动服务功能区和服务平台建设，引导制造业企业延伸服务链条，推动商业模式创新和业态创新。

四、其他说明

在当前的经济形势下，加强电子信息行业技术改造工作，需要重点把握以下几个原则：

一是坚持统筹规划与协调发展相结合。结合行业、地区的发展实际，统筹规划，合理布局，注重技术提升与产能扩张并举，注重产业链上、中、下游的衔接，严把准入关，避免低水平重复建设。中央与地方各级政府加强沟通协调，引导与支持各类要素资源，扶持具有地方优势和特色的产业，切实维护重点企业的生产和创新能力，推动中小企业创新能力的建设。

二是坚持原始创新与扩大对外合作相结合。要鼓励企业引进关键核心技术和高精尖设备，通过技术改造实现引进、消化吸收再创新。积极引进人才、资金和管理经验，不断创新对外合作方式，提高对外合作质量，扩大对外合作领域。鼓励优势企业或有条件的企业实行横向联合或纵向联合等多种方式兼并重组。

三是坚持政府引导与企业主体相结合。通过政府引导和资金、政策扶持，营造良好发展环境和社会氛围，保障和推进技术改造的进行。强化企业投资主体、创新主体、市场开拓主体地位，加强产学研用相结合，完善创新体系建设，掌握关键核心技术，加快实现科技成果产业化。

四是突出重点，培植特色。通过技术改造的引导，实现各类要素向重点领域、重点地区和重点企业聚集，从而促进产业结构、区域结构和企业结构的调整。进一步增强龙头企业的辐射带动作用，引导配套中小企业完善产业链，加快培育关联企业在空间上相对集中、生产上分工协作、技术上互动创新、资源上互补共享、地域和资源优势得到充分发挥的特色产业集群。

机械行业解读材料

中国机械工业联合会

一、编制依据

《工业企业技术改造升级投资指南（2019年版）》（以下简称《投资指南》）机械行业部分是依据工业和信息化部、国家发展和改革委员会、财政部联合发布的《机器人产业发展规划（2016—2020年）》，以及中国机械工业联合会发布的《机械工业“十三五”发展纲要》《机械工业“十三五”质量发展规划》《“十三五”机械工业标准化发展规划纲要》《机械工业“十三五”发展服务型制造专项行动指南》等文件的具体要求和相关精神，根据《投资指南（2016年版）》的执行情况和不断变化的经济形势，在专业人士充分论证的基础上，对其进行必要的修改和补充。

二、作用和意义

技术改造是机械行业的重要投资方式之一，通过技术改造可以将先进技术应用于企业生产的各个环节，用先进的技术、先进的工艺与设备替代落后的技术、工艺与设备，以改变企业现有的生产制造状况，从而达到提高质量、提高生产效率、降低成本和能耗、节约资源能源、满足人民群众不断升级的需求，满足国家建设和战略需要，全面提高企业经济效益和社会综合经济效益的目的。

《投资指南（2016年版）》是“十三五”时期指导我国机械企业推进技术改造和升级工作的重要依据。经过三年的执行和瞬息万变的全球经济形势变化，应对2016年版做必要的补充和修订，以实现当初设定的目标，即：指导各地机械行业发展、引导社会投资方向、加强机械企业技术改造、促进产业转移和落后产能淘汰、提高创新能力、加快实现机械行业优化升级等方面起到重要作用。

三、机械行业发展的重点

机械行业是国民经济的支柱产业，是中国制造业的脊梁。当前，国内外市场新的需求以新的形态、更高标准和要求不断释放，机械行业通过技术改造，不断满足市场需要，成为引领我国制造业发展的排头兵行业，发展潜力巨大、前景十分可期。同时，我们还应该看到，当前国际环境复杂多变，经济发展的矛盾风险不可忽略，经济增长动力和下行压力并存。未来相当长的一段时期，我国机械行业都将面临转变发展方式，从注重规模向规模效益并重、做优做强转变，从生产型制造向服务型制造转变。因此，本次修订更加突出从“重创新、优结构、提质量、深融合、绿色化”等方面引导加强企业技术改造，引导社会投资，切实推动机械行业转型升级、提质增效。

（一）将创新能力建设摆在首位

“创新驱动”是我国机械行业的长期发展战略，是必须始终坚持的基本方针。加强创新平台建设是提升创新能力的重要手段。经过几十年的发展，我国机械行业已取得了令人瞩目的成绩，产业结构持续优化，技术水平不断提高，部分产品已达到国际先进水平，但整体实力与发达国家的先进机械制造业相比仍存在很大差距，创新能力不强始终是制约我国机械行业发展的突出问题。

“十三五”时期，我国机械行业坚持把提高行业创新能力摆在首要位置，加强创新平台建设，加强产业基础共性技术和前沿技术研究，全面提升机械工业技术创新能力。一是发挥企业在技术创新中的主体作用，促进产业链上下游协同创新，建立健全以企业为主体、产学研用相结合的技术创新体系。推进企业研发能力建设，鼓励企业建设国家级企业技术中心、重点实验室等研发机构，改善科研仪器设备及中试设施，提高企业技术研究开发能力。二是鼓励制造企业与用户、科研院所、高等院校联合建立研发机构、产业技术联盟等技术创新组织，联袂推动行业关键共性技术研究。三是依托有行业服务功能的转制院所，协同研发新技术、新产品，统一行业技术标准，共享技术成果，探索建立基于利益相关方共赢的产业协同创新机制。四是加强行业工程技术研究中心和实验室建设，在具备条件的领域新建一批行业工程技术研究中心或实验室，不断完善行业共性技术研发体系。同时强调要尊重知识、尊重人才，尊重知识产权；要鼓励创新、宽容失败。

（二）大力发展智能制造

近年来，虽然机械行业智能制造取得了一定进展，但多数企业还处在初级阶段，表现为企业各业务环节间集成应用水平不高，产业链协同互动性不足。多数企业还未实现智能制造的创新突破，“互联网+机械制造”的智能制造发展模式还仅仅是少数企业在某些领域的探索，互联网在生产制造和上下游之间发挥的协同作用还远远不够，制造环节的自动化、柔性化和智能化水平较低。

“十三五”期间，我国机械行业进一步加快推动信息技术与制造技术的深度融合发展，推进生产过程自动化、数字化、信息化、智能化改造，加快产品全生命周期管理、客户关系管理、供应链管理系统的推广应用，实现资源优化配置，全面提升企业研发、生产、管理和服务的信息化水平，加强各业务环节的智能集成管控。在重点领域推进智能工厂、数字化车间的试点应用。建设工业云与工业大数据平台，推动工业软件服务、工业设计、制造关键技术和标准的开放共享，建立全产业链的协同合作。

（三）坚定不移走绿色发展之路

进入 21 世纪以来，随着工业化进程加快，我国机械行业整体水平明显提升，多种产品产量居全球前列，成为名副其实的世界机械制造大国。但资源和环境的约束日益成为机械行业可持续发展的一大障碍，我国机械行业依然没有摆脱高投入、高消耗、高排放的粗放模式。

“绿色制造”是贯穿我国机械行业“十二五”到“十三五”的重要发展战略，其内涵主要包括两个方面。一方面，要求机械行业本身在生产过程中重视环境保护，大力倡导清洁生产，提高制造过程中资源和能源利用率、原材料转化率，减少废弃物和污染物的产生，最大限度实现少废或无废生产。另一方面，要求机械行业研发制造的产品在使用中能实现环境保护和节能减排目标，如加快发展核能、太阳能、风能、生物质能等新型清洁能源设备、高效节能环保技术装备、资源循环利用装备、煤炭清洁利用装备、海水综合利用装备、低品位余热利用装备，以及节能和新能源汽车等。此外，要建立和完善资源循环利用体系，重点推进机床、内燃机、工程机械等产品的再制造，探索汽轮机、盾构机等大型成套设备的再制造，最大限度发挥产品的作用。

（四）增强基础能力建设，促进产业结构进一步优化

我国机械行业结构不合理的问题由来已久，其间虽加强整改，但仍未得到彻底解决。当前机械行业结构不合理主要表现为核心零部件、关键基础材料对外依存度偏高，高端产品自给能力不足，服务型制造不够普及，企业服务收入占比过低等。

“十三五”时期，我国机械行业应以供给侧结构性改革为战略重点，积极推进产业结构优化升级。一是切实加强基础零部件、基础材料，以及基础工艺、基础共性技术的研究和开发，奠定产业发展的坚实基础。二是针对国民经济重点领域专用设备短缺的突出矛盾，重点发展重点领域所需的专用生产和检测装备，长期依赖进口的基础零部件、基础工艺和关键配套产品所需的专用生产和检测装备，满足用户个性化需求的轻工纺织、制药、消费类电子等专用生产设备，以及农、林、牧、渔等产业所需的专用生产设备。三是大力发展以高质量和高技术为特征的高端装备产品，一方面继续推进重大技术装备的研制和突破，另一方面要对已取得突破的重大技术装备千锤百炼，从“能做”向“做好、做精”转变，进一步提高重大技术装备的各项经济技术指标，在国际市场竞争中脱颖而出。四是瞄准市场与用户需求，推进机械行业由生产型制造向服务型制造转变，鼓励企业提升通用产品的个性化解决能力，运用互联网、大数据等信息技术积极发展定制生产，满足多样化、个性化消费需求。

（五）全面提升产品质量

我国机械行业规模增长速度举世瞩目，与此相比质量提升速度明显偏慢，虽然经过十三个五年规划的反复强调、不断努力，行业对产品质量重要性的认识有明显提高，但与工业发达国家相比，仍有较大差距。在量大面广的传统产品领域，企业质量管理体系不够健全、质量控制不严格的现象仍屡见不鲜，加之同质化严重、相对过剩引发过度竞争，导致产品价格持续大幅下滑，高质量难以保证，在成本压力之下甚至出现劣币驱逐良币的现象，令产品质量提高困难重重。在高端

产品领域，产品一致性差，质量不稳定，可靠性低的问题十分突出。产品的加工工艺和设备不完善，工业软件落后，在互联网时代难以获得用户青睐。究其原因，多为核心制造技术和关键工艺、配套件、特种原材料等没有完全过关、试验验证和研发经验积累不足所致。

“十三五”时期，机械行业在提升产品质量上下功夫，全面开展质量兴业活动。一是推行全面质量管理，提高企业质量主体意识，促进企业实施以质量为中心的经营管理；深入推广质量控制方法，大力提升成套设备、主辅机及关键零部件的质量；尽快制定并完善产品安全、产品担保、产品责任等方面的法律法规，强化产品合格认证。二是加强标准体系建设，推进标准体系结构性改革，建立政府主导标准与市场制定标准协同发展、协调配套的新型标准体系，加快标准国际化进程。三是推动行业诚信体系建设，完善行业自律，引导企业加快制定品牌管理体系，加强品牌文化建设，提升品牌附加值和软实力。

（六）推动服务型制造发展，加快转型升级步伐

机械行业是我国工业界较早开展制造与服务融合发展的行业，特别是“十三五”期间，在工信部《发展服务型制造专项行动指南》发布后，全国各地掀起了发展服务型制造的热潮，涌现出一大批围绕着用户需求开展的总集成总承包、系统成套设备供应商和应用服务解决方案供应商，服务和制造的融合更加紧密、深入，体现出先进制造业和现代服务业融合发展的优势。在机械工业全行业的几次调查中，服务型业务收入占企业主营业务收入的比重呈现逐步上升趋势，转型升级初见成效。随着认识的不断深入，服务型制造已经在全国机械行业企业中广泛开展，也取得了较好的发展。但是，由于我国机械工业产业链长、门类齐全、产品品种多，生产组织方式和管理方式等都存在很大差异，服务的业务模式还在不断探索中，目前亟待解决的问题是标准化，我国尚缺少服务型制造标准体系、服务型制造业务统计口径，企业开展各种基于制造的服务业务活动尚待规范化、标准化，服务的附加价值有待提高，服务的技术含量和水平都有很大的上升空间。这些问题有望在不断探索和总结经验的基础上，更加规范地发展，促进我国机械工业加快转型升级，从生产型制造向服务型制造转型，提高效率和效益，进一步做优做强，为制造强国建设发挥中流砥柱的作用。

汽车行业解读材料

中国汽车工业协会

近年来，中国汽车产业作为国民经济的战略性、支柱性产业，其产业链长，关联度高，就业面广的特点，对国民经济持续健康发展具有重要意义。《汽车产业中长期发展规划》明确提出，新一代信息通信、新能源、新材料等技术与汽车产业加快融合，产业生态深刻变革，竞争格局全面重塑，我国汽车产业进入转型升级、由大变强的战略机遇期。鉴于此，加快产品转型升级，进行供给侧改革，建设具有国际竞争力的现代化汽车工业成为当前产业发展阶段的主声浪。而技术改造作为提升核心竞争力、推动汽车工业发展的重要手段，对汽车行业实现转型升级的目标具有重要意义。《工业企业技术改造升级投资指南（2019 年版）》（以下简称《投资指南》）依据相关产业政策，从投资角度明确了工业投资的重点和方向，对未来汽车工业发展产生重要而深远的影响。

一、编制背景

近年来，汽车行业深入贯彻党中央、国务院的决策部署，坚持新发展理念，坚持稳中求进工作总基调，以供给侧结构性改革为主线，积极推进产业转型升级，深化创新，推动行业高质量发展。2018 年，汽车产销完成 2800 万辆，连续十年蝉联全球第一。汽车行业作为中国工业的重要组成部分，正处于向制造业高端转型的关键时期，技术改造作为实现这一目标的关键手段，对提高中国汽车企业核心竞争力，推动汽车行业创新能力提升，加速产业和产品结构调整，推进产业升级发展具有重要意义。《投资指南》为力争经过持续努力，迈入世界汽车强国行列，提出了汽车行业技术改造体系的框架，梳理了汽车行业技术改造的重点领域和重点标准，是推进汽车行业向高端发展的有力手段。

二、汽车行业发展的重点和亮点

《投资指南》是指导性文件，旨在结合汽车工业实际，贯彻落实国家重大部署，强化行业发展与上下游相关领域的协同。《投资指南》是在总结历年汽车工业成果和问题的基础上，广泛听取各方意见编制的，是行业集体智慧的结晶。

《投资指南》在充分研究汽车行业现状和发展趋势的基础上，将对行业发展意义重大、急需程度高的项目提炼出来，给出明确的发展重点和要点。在汽车行业转型升级的关键时期，落实国家节能减排、低碳发展战略，提出相应转型方向，引导车企行业合理改造升级。

《投资指南》将技术创新、机制创新和模式创新的理念贯穿于行业发展的各领域。在技术创新方面上，提出开展智慧工厂等技术在整车及零部件生产中的应用，大力推动信息化与工业化融合的现代化工业模式；加强行业上下游协作力度，重点发展基础零部件、基础材料、基础工艺和基础技术为主的“四基”项目，对加强汽车产业基础能力、摆脱关键零部件对国外供应商的依赖具有重要意义；加快高端装备发展，明确新能源汽车及关键零部件创新工程作为主要发展方向，推进汽车行业产品的转型升级；贯彻落实绿色发展战略，着力发展动力电池梯次利用和再生利用产业化等低碳环保技术。

《投资指南》在机制创新方面，大力促进公共检测、整机产品、汽车零部件、智能控制产品，以及节能与新能源汽车新材料等方面的产品质量提升与技术发展，同时注重安全生产方面的提高；在模式创新方面，重点打造新能源汽车研发设计、关键零部件研发平台、新能源汽车公共检测平台，智能网联汽车技术研发与应用平台，基于物联网技术的汽车零部件企业共享机制平台。

三、作用和意义

（一）加强结构优化，把结构调整作为建设汽车强国的突出重点

调结构、促升级始终是我国汽车行业发展的中心任务，在我国当前的经济社

会发展情势下，经济结构的调整和优化更是迫在眉睫的重大问题。在迈向汽车强国的历程中，建立完善、多层次的产业体系是中国汽车行业发展的必由之路。《投资指南》提出汽车行业向高技术、高附加值领域延伸，重点发展智能制造技术，提高制造效率及产品品质；明确发展以新能源汽车及关键零部件为核心的高端技术装备，落实创新驱动发展及节能减排的国家战略，切实推进汽车行业转型升级。

（二）发展绿色制造，把可持续发展作为建设汽车强国的重要着力点

绿色发展是破解资源、能源、环境瓶颈制约的关键所在，是实现制造业可持续发展的必然选择。《汽车产业中长期发展规划》提出，以绿色发展理念引领汽车产品设计、生产、使用、回收等各环节，促进企业、园区、行业间链接共生、原料互供、资源共享。加快推进汽车产业绿色改造升级，积极构建绿色制造体系。《投资指南》提出发展汽车整车涂装废气 VOC 清洁净技术规模化应用，动力电池梯次利用和再生利用产业化，报废汽车绿色智能精细拆解与高效分选回收作为汽车行业发展绿色制造的着力点，推广绿色制造理念，引导企业承担相应的社会责任，为资源节约型和环境友好型社会建设提供了有力支撑。

（三）坚持质量为先，把质量作为建设汽车强国的关键内核

高品质是企业乃至行业核心竞争力的体现，同时也是科技创新、管理能力等因素的综合表征。近年来，我国汽车行业在快速发展的同时，格外重视产品质量的提升，以便满足消费者对品质不断提升的要求。《投资指南》指出汽车行业应发展公共检测环境、整机产品、汽车零部件、智能控制产品、节能与新能源汽车新材料方面，重点开展质量提升工作，必须把质量作为建设汽车行业的生命线，全面夯实产品质量基础，从而提升企业品牌价值和整体形象。

（四）夯实行业基础实力，把推动“四基”发展作为建设汽车强国的强力支撑

与发达国家相比，我国基础研究投入不足，是缺乏重大突破性、颠覆性创新的重要原因之一。同时，我国科研成果转化率低，较发达国家差距明显，完善以企业为主体、市场为导向、产学研用相结合的制造业创新体系势在必行。《投资

指南》给出汽车行业在基础零部件、基础材料、基础工艺、产业技术基础公共服务平台的重点方向。未来汽车工业将加强行业基础攻关，加速科技成果产业化，提高创新能力。

四、其他说明

总体上看，汽车行业进一步深化发展的任务艰巨而紧迫，必须积极创造有利条件，着力解决突出矛盾和问题。《投资指南》对促进汽车工业结构整体优化升级，加快实现我国汽车行业由大变强具有重要意义。汽车工业建设是一项系统工程，必须把社会各方面的力量动员起来，把社会各方面的资源整合起来，共同推进。坚持从国情出发，重点突破、务求实效的原则，建立支撑《投资指南》实施的具体机制，以及对实施效果的评价措施，使《投资指南》内容能够落地。

船舶行业解读材料

中国船舶工业行业协会

一、编制依据

中国船舶工业行业协会联合中国国际工程咨询有限公司，组织编制了《工业企业技术改造升级投资指南（2019 年版）》（以下简称《投资指南》）中的船舶行业部分，为船舶领域科研设计单位和工业企业技术改造升级的投资方向提供指导。

二、作用和意义

船舶工业是为水上交通运输、海洋资源开发及国防建设提供技术装备的现代综合性和战略性产业，是我国发展海洋经济、实施海洋强国战略的基础和重要支撑，也是发展高端装备制造业的重要组成部分。当前，造船市场需求依然低迷，需求结构深刻变换，国际竞争激烈，产业格局深度调整，船舶工业经济运行面临较大的下行压力，创新能力、产业结构调整、转型升级的力度和深度有待进一步加强。

《投资指南》对推进船舶工业实施"海洋强国和造船强国"战略，推进船舶工业供给侧结构性改革，促进结构调整、转型升级，提高船舶和海洋工程装备设计、制造水平和产品质量，推进智能制造、绿色制造、绿色船舶及服务型制造等方面，具有重要作用和意义。《投资指南》是各级政府部门、金融机构开展船舶行业投资项目相关工作的重要参考，也是全国船舶工业企业推动技术改造和升级工作的重要指导，将有力推进船舶工业的可持续发展。

三、船舶行业发展的重点和亮点

《投资指南》中的船舶领域，坚持以企业为主体、市场为导向、产学研用相结合的创新体系，加强关键核心技术攻关，加速科技成果转化，提高关键环节和重点领域的创新能力，从创新平台建设、基础能力提升、智能制造和工业互联网、绿色制造、质量提升、服务型制造和技术改造服务体系等方面制定了技术改造升级的方向。

（一）强化船舶行业共性关键技术创新平台的建设与重点产品的培育

《投资指南》既强调了船舶与海洋工程装备上下游企业、科研机构等联合建立国家级深海试验、检测平台，建立和完善海洋工程通用系统和设备、专用系统和设备及关键部件的检测试验设施，建立数据服务平台，又明确了重点支持船舶产品原始创新和建造示范项目，如符合最新公约、标准和规范要求的绿色环保型主流船舶、豪华游船、大型汽车滚装船、豪华客滚船、极地运输船舶、海底光缆铺缆船等高技术船舶、智能化船舶；海洋工程装备创新示范、边际油田自安装采油平台、大型自升式钻井平台、半潜式钻井平台、浮式钻井装备、海洋牧场装备、多功能海洋工程船舶、半潜运输船、物探船和潜水作业支持船等。

（二）引导解决船舶工业着力强化工业基础能力

我国已是具有重要影响力的造船大国，也形成了较为齐全、能满足船舶行业一般需求的工业基础体系，但是工业基础能力仍然薄弱，部分领域仍有短板。《投资指南》在基础零部件（元器件）方面重点围绕齿轮、密封件等基础部件，新能源、清洁、环保等新兴部件，水下系统、导航等高技术部件提出投资指引；在基础材料方面围绕特种钢材、复合材料、特殊用途材料等提出投资指引；在基础工艺和工业技术基础方面围绕高效焊接、动力检测测试、大数据应用等提出投资指引。

（三）着力提升智能制造在船舶行业中的应用水平

实施科技创新和推行智能制造，其关键在于“强基”和“重点突破”，因此，在智能制造方面，采取以工业 4.0 为目标，选择基础条件好的骨干企业，重点围绕预处理、切割、装配、焊接、除锈涂装、型材/板材加工成形等关键工序，开展智能工厂/智能车间建设的方式。

（四）大力发展绿色制造技术

一是针对海洋资源开发和海洋经济建设需要，研制和推广节能环保绿色装备，如岛礁海水淡化工程、岛礁生活污水处理及中水回用系统、岛礁固体垃圾处理系统。二是加强绿色加工工艺技术的研究应用，如净成形制造，虚拟现实技术与敏捷制造，搅拌摩擦焊、电子束焊和激光焊等高效焊接技术，区域化涂装环保作业等绿色涂装工艺等。三是强化节能环保管理技术，如开展动能统筹优化配供技术、焊接设备生产过程网络化集群监控技术等研究应用等。

（五）针对关键技术和产品，实施提质增效

针对大型船体、发动机等装备的装配技术需求，重点支持智能化总装、精密装配等先进装备技术研究应用。结合“互联网+”、物联网、大数据、云计算等技术，重点支持数字化船坞搭载、基于RFID的物流级配系统、智能型工业机器人、自动化生产线、智能化在线监测、智能化热加工和热处理、曲面分段流水线、集成化无人焊接等技术研究应用。针对海洋环境的特殊要求，以及装备本身性能提高的需求，重点支持新型防腐/防污涂料、轻质复合材料、柔性密封材料、非晶表面强化等新型材料开发应用技术研究。针对船舶及海洋工程装备的创新研发需求，重点支持平台/系统的数字化建模、数值水池虚拟试验、多学科优化设计等技术研究。

（六）强调服务型制造，构建技术改造服务体系

一是开展工业设计服务，推进关键领域设计突破。建立船舶行业共性技术研发平台，为产业链上下游提供整体解决方案；二是建设以制造业企业为中心的网络化协同制造服务体系，支持软件和信息技术服务企业面向制造业提供信息化解决方案；三是支持船舶企业提供工程总承包、建设-移交（BT）、建设-运营-移交（BOT）、建设-拥有-运营（BOO）等多种服务；四是支持企业与金融租赁公司、融资租赁公司加强合作，实现资源共享和优势互补。

四、其他说明

《投资指南》是引导工业企业技术改造升级的重要依据，我们将发挥中国船舶工业行业协会的行业引领、协调、服务作用，以企业为主体、以提升科技创新水平为导向，大力推动船舶工业技术改造升级，从而强化基础能力，促进行业结构调整、转型升级，进一步提高国际竞争力，为实现“海洋强国和造船强国”的战略目标提供重要支撑。

同时，我们将密切结合国内外船舶科技和市场发展趋势，根据行业发展需求，及时完善与修订该指南，为政府部门、金融机构和企业提供决策参考。

钢铁行业解读材料

中国钢铁工业协会

钢铁工业是国民经济的重要基础产业，经过多年的建设与发展，我国已建成全球产业链最完整的钢铁工业体系。尤其近十年来，钢铁工业的产品结构、组织结构、技术装备不断优化，品种质量持续改善，有效支撑了下游用钢行业和国民经济的平稳较快发展。

一、“十三五”期间钢铁行业发展环境发生深刻变化

我国钢材消费总量呈下降趋势。在我国经济增长将经历一个 L 型发展阶段的大背景下，钢铁作为大宗原材料，今后几年总需求低迷和产能过剩并存的格局将难以改变，产能过剩已不可能通过历年持续、高速的经济增长来消化。长期来看，GDP 粗钢消费强度、投资粗钢消费强度呈减弱趋势，以及单位工业增加值用钢能耗呈下降趋势，会导致钢铁消费量的减少。粗钢消费目前已经进入峰值平台区（8.5 亿 ~ 9 亿吨），预计 2020—2025 年的粗钢消费量为 7.5 亿 ~ 8.0 亿吨，2025—2035 年为 7 亿吨平台波动（波峰、波谷约 ± 5% ~ 10%）。

国际贸易保护加剧，钢材出口难度加大。世界经济在深度调整中曲折复苏，国际金融危机深层次影响在相当长时期依然存在，全球粗钢需求增长乏力与钢铁产能过剩矛盾，加剧了各种形式的贸易保护主义抬头，国际竞争更加激烈复杂。在全球经济持续低迷的背景下，各国忙于应对就业等问题，对并购导致的资本外流和可能带来的就业风险多有防范。在钢材出口方面，近两年来贸易摩擦加剧，遭到国外反倾销调查的案件数快速上升，针对中国的钢铁贸易保护加剧。据统计，2018 年全国累计出口钢材 6934 万吨，同比下降 8.1%，钢材出口大幅下降，对国内生产供给产生了较大影响。

社会发展与生态文明建设对钢铁工业节能减排提出更高要求。低碳绿色发展是钢铁工业实现转型升级战略发展的核心内容和关键，4 月底，生态环境部等 5

部委发布了《关于推进实施钢铁行业超低排放的意见》，这是 2018 年政府工作报告提出推进钢铁工业超低排放改造以来，出台的最具指导性的文件，进一步明确了排放标准和治理时间表。实施全面超低排放改造是未来三年钢铁行业推进绿色发展的重要途径和措施。尤其京津冀、长三角是我国钢铁产能主要聚集区，这些地区重化工业发展已经超出环境承载能力，与国家节能环保新要求有较大差距，相应改造任务既艰巨又迫切。

钢铁行业面临转型升级的迫切需求。制造业强国、创新型国家建设对钢材品种、质量和服务需求不断升级，制造业迈向中高端水平对钢铁工业有效供给水平提高将提出迫切需求。钢材品种需求将呈现个性化、多品种、小批量趋势，产品质量要求稳定性、可靠性、耐久性水平愈发提高，对钢铁企业服务需求将由单一的材料供应商向能够统筹提供材料推荐方案、后续加工使用方案等延伸服务的服务商转变。

二、对推进钢铁行业结构调整、转型升级具有重要作用和意义

“十三五”期间，我国钢铁工业已不再是大规模发展时期，将进入转型升级、优化存量为主的发展阶段。钢铁作为重要的工业原材料，建设制造强国对钢铁产业的支撑能力、竞争力和发展质量提出了更高的要求。为此，必须要主动适应新常态、把握新常态，进而引领新常态，在调整优化存量的基础上，以创新为核心，不断创新技术、产品、管理和商业模式；注重协调发展，促进布局协调、结构协调和上下游产业之间协调发展，加快推进我国钢铁工业向中高端水平迈进的步伐。

《投资指南》的编写对推进钢铁工业供给侧结构性改革，促进结构调整、转型升级具有重要作用和意义。《投资指南》作为各级政府部门、金融机构、企业推动技术改造和升级工作的重要参考，通过引导企业和社会投资，推动钢铁工业向智能化、绿色化、服务化转型，实现钢铁工业向中高端水平迈进。

三、未来钢铁行业技术改造重点

《投资指南》从我国钢铁工业转型发展需求入手，针对制约钢铁工业发展的瓶颈和薄弱环节，通过对钢铁工业技术创新平台、智能制造和服务制造、绿色发展、产品

质量提升等重点领域的聚焦与深化，梳理了未来几年钢铁工业推进的技术改造重点。

一是布局和建设钢铁共性关键技术创新平台。经过近 30 年的发展，我国钢铁工业科技创新已步入由跟随为主转向跟随和并跑并存的新阶段。以终端产品需求为导向，瞄准国际科技前沿，突破一批关键共性技术，已成为行业内的共识。此次《投资指南》中强化了非高炉炼铁、球团冶炼、高效低成本洁净钢生产、钢铁新材料制造、绿色产品研发等流程制造研发基地或创新中心的建设，以提高关键工艺和重点领域的创新能力。搭建应用环境材料、高质量产品检验检测认证、绿色产品测试认证等一批促进协同创新的公共服务平台，提高开展检验检测、质量认证、应用评价等服务能力。

二是着力提升钢铁工业智能制造、服务制造水平。智能制造、服务制造是集创新、服务、高端为一体的高端制造。通过着力推进生产过程智能化，培育新型生产方式，创新商业模式和业态，全面提升企业研发、生产、管理和服务水平。《投资指南》以工业 4.0 为目标，开展一批智能化示范工程，推动钢铁关键生产工序的自动化、智能化；鼓励建设钢铁生产大数据平台建设与示范、加工配送中心、电子商务和服务系统等，打造综合服务的成本最优的全价值链，推动由生产型制造向服务型制造转变，实现共赢发展和整体升级。

三是大力发展绿色制造技术。新的钢铁行业系列污染物排放标准及粗钢、焦炭单位产品能源消耗限额标准的实施，对钢铁企业能源环保管理和技术水平提出更高要求。按照生态环境部等 5 部委发布的《关于推进实施钢铁行业超低排放的意见》，《投资指南》针对各钢铁生产环节存在的节能潜力和环境风险，提出了余热余能回收、废水提标改造、除尘系统升级、烟气多种污染物综合治理、冶金渣深度综合利用等一批钢铁行业节能环保改造升级项目。

四是针对关键钢材产品实施提质增效，推动中高端品种再上新台阶。当前，我国仍处于工业化进程中，关键核心技术与高端装备对外依存度高，产品档次不高，制造业大而不强。同时，存在产能过剩、有效供给不足的问题，一些中高端钢材产品由于种种原因而不能保持稳定的生产和供给，仍依赖进口。《投资指南》以海洋工程和高技术船舶、高铁装备、电力装备等高端装备需求为牵引，提出了行业基础和共性关键技术，通过开发一批重大技术装备所需的高端钢材，满足制造业向中高端迈进的需求。

有色金属行业解读材料

中国有色金属工业协会

随着科教兴国战略的实施，科技为各行各业的发展带来了巨大活力和发展空间。作为有色金属行业，无论在采、选、冶和加工产业链上都折射出科技的无限潜能。谁在技术上领先一步，谁就在这个行业有话语权，甚至有生存发展权。《工业企业技术改造升级投资指南（2019 年版）》（以下简称《投资指南》）中指出，工业是国民经济的主体，是立国之本、兴国之器、强国之基。打造具有国际竞争力的制造业，是我国提升综合国力、保障国家安全、建设世界强国的必由之路。加快工业转型升级，促进工业由大到强，是未来十年我国制造强国建设的中心任务。

一、强化创新平台建设

我国在有色金属行业已经建设了一批国家级技术创新平台。截至 2015 年，有色金属行业共有国家认定企业技术中心 73 家；国家重点实验室 19 个；国家工程实验室 9 个；国家工程（技术）研究中心 28 个；国家级国际联合研究中心 3 个，初步形成了以企业为主体、产学研用相结合的协同创新机制。但与国外发达国家相比，以企业为主体的新材料研发平台较少，高性能材料产业发展缓慢，仍是制约有色金属行业发展的短板。虽然近年来技术水平得到显著提升，但基础研究依然比较薄弱，前瞻性、战略性研究滞后，“生产一代、开发一代、预研一代”的发展格局尚未形成。例如，近年来世界汽车铝板带市场出现爆发式增长，从 2010 年几万吨的市场规模迅速发展到 2015 年的 185 万吨，但国内企业在这方面的技术差距较大，至今还没有成熟的产品。

作为有色金属行业，在创新平台建设方面，需要建设有色金属新材料技术研发平台，重点推进新材料中试、工程化及产业化共性工艺技术，开展材料性能测试、分析检测、表征评价等研究开发及重大应用。建设高性能复合材料创新中心、轻量化材料创新中心、极端环境材料创新中心、国家有色金属新材料制造业创新中心等。

二、大力提升有色金属工业信息化、智能化制造水平

在智能制造领域，有色金属行业差距较大。在矿山领域，要建立矿山生产综合管理与决策平台，加快建设数字矿山，智能采矿，发展智能采矿装备。开发以矿石开采为核心的矿山智能化生产体系，建立生产执行 MES 系统和 ERP 资源管理系统，实现矿山生产流程智能设计、生产系统的高度集成和生产调度优化控制。在冶炼领域，要提高冶炼生产过程自动化、信息化、智能化水平。以湿法冶金为例，建立在线原料成分检测系统、在线流量控制系统、智能物料均衡反应系统、能源管理系统，使生产过程信息化、智能化水平明显提升。建立矿冶工业智能服务云平台，以矿产资源开发利用共性技术为核心、以信息化技术和通信技术为支撑，开展矿冶云平台的设计开发、矿冶大数据中心建设、基于大数据分析的矿冶生产过程监测及远程故障诊断技术开发，以形成装备、工艺、工程解决方案的设计、优化和运营所需要的知识服务、技术服务和作业服务。

三、促进有色金属产业绿色发展

绿色制造是生态文明建设的重要内容。我国工业发展一直高度重视资源节约和生态环境保护工作，把节约资源和保护环境作为基本国策。十八大报告首次单篇论述生态文明建设，《中共中央国务院关于加快推进生态文明建设的意见》的发布，首次以党中央、国务院名义对生态文明建设进行专题部署，强调把绿色发展转化成为新的综合国力和国际竞争新优势。实施绿色制造工程是我国制造业实现“绿色化”发展的关键举措。

绿色制造是制造业转型升级的必由之路。制造业是我国经济发展的根基，是推动经济发展提质增效升级的主战场。从全球看，我国制造业总体上处于产业链中低端，产品附加值较低，相比美国、德国、日本等发达国家，产品资源能源消耗高，对生态环境的影响突出，绿色化水平有待提高，迫切需要加快绿色发展，

以改变高投入、高消耗、高排放的传统发展模式，构筑绿色制造体系，提升绿色国际竞争力。

多元复杂有色金属矿产资源清洁高效利用技术及相应的成套装备、碳素焙烧炉烟气脱硝技术及产业化、高端领域钛合金返回料综合利用、锑清洁冶炼新工艺、铟锡多金属矿尾砂资源综合利用、盐湖锂资源综合开发利用、金铜综合回收利用、新型结构铝电解槽和稀贵金属清洁分质高值化利用等都是今后技术发展的方向，并在《投资指南》中明确列为发展重点。

四、重点发展高性能有色金属材料

金融危机以来，新科技革命方兴未艾，经济社会发展促使人们的生产方式和生活方式不断变革，人类需要更多具有特殊性能的新材料。这给有色金属材料提供了更大的发展空间，也对有色金属材料生产提出了更多新的要求。当前有色金属材料呈智能化、绿色化、个性化发展趋势。

智能化。智能化既表现在应用领域，又表现在生产环节。在应用领域，主要是能够对力、热、声、电、光、磁环境进行感知和自应对的智能材料。例如，梯度硬质合金刀具，能够根据切削对象的硬度调整效能，延长使用寿命。用记忆合金制造的飞机机翼，当飞机遇到涡流或逆风时，机翼能够迅速变形，从而消除涡流或逆风影响，减少机身颠簸。智能材料将适应未来社会劳动力成本提高和消费者个性化需求日益丰富的特点，有巨大发展空间。在生产环节，主要是用云计算、大数据、互联网等技术，改造传统生产流程，通过工业大数据积累，对现有生产制造工艺流程进行深度优化，从而提高产品的性能。

绿色化。绿色发展已经成为全人类的共识，有色金属材料必须绿色化，才有发展前景。绿色材料至少具备几个特点：首先，是绿色生产，少破坏环境，少消耗能源。按这个标准，大部分有色金属工艺技术都需要进一步完善。其次，是整个使用寿命周期是节能的，在这方面，铝等可循环的有色金属表现非常突出，1880年以来，全球累计生产电解铝超过 11 亿吨，目前有 8 亿吨左右还在循环使用中。人们往往认为铝产业是高耗能产业，但是由于铝可以反复使用，在一个完整的生命周期中，铝比钢要节省几十倍的电量，这是其他一些大宗材料不能比拟的。再就是有利于全社会绿色发展，如光伏多晶硅、风电稀土永磁、锂电池材料和金属空气电池等，有利于替代化石燃料，只要技术能够突破，将有日益广阔的市场。

个性化。全球大宗产品的供应饱和及人们需求的多元化，要求有色金属材料向高精尖、个性化、差异化方向发展。其中最典型的一个方向就是以3D打印为代表的增材制造。例如，医疗上使用3D打印技术制作钛合金骨骼和关节，可以实现精准医疗。再如，运动手环等可穿戴智能产品正在成为制造业的热点，但是目前能够实现的功能还有限，未来要真正做到感知人体的健康指标信息，实现远程诊疗和全流程健康管理，就要求进一步提高材料性能，才能适应不同用户的个性化需要。

《投资指南》在“基础能力”和“质量提升”部分中明确提出了有色金属材料发展方向。重点发展电子信息、新能源、航空航天、现代交通、海洋工程等高技术领域用高性能铜铝镁钛和稀贵金属材料。包括高性能铝镁轻合金材料、高性能低成本钛合金材料、新一代高性能铜合金材料、贵金属材料、有色金属电子信息材料、粉末冶金材料、新型涂层材料、硬质合金材料、稀有金属材料；钽铌铍等特种稀有金属材料；功能元器件用有色金属关键配套材料、新型能源材料、稀土功能材料、先进半导体材料、新型高生物相容性医用材料、3D打印用材料等。

建材行业解读材料

中国建筑材料联合会

一、编制依据

为切实推进企业技术改造，助力供给侧结构性改革，中国建筑材料联合会围绕《国务院办公厅关于促进建材工业稳增长调结构增效益的指导意见》（国办发〔2016〕34号）、《建材工业发展规划（2016—2020年）》（工信部规〔2016〕315号）、《产业技术创新能力发展规划（2016—2020年）》（工信部规〔2016〕344号）及《建筑材料工业“十三五”科技发展规划》等相关文件精神，结合我国建材行业发展实际情况，参与编制了《工业企业技术改造升级投资指南（2019年版）》（以下简称《投资指南》）中的建材行业部分，为建材领域工业企业技术改造升级的投资方向提供了导向。

二、作用和意义

建筑材料工业是国民经济的重要组成部分，既是支撑我国国民经济发展的重要的基础原材料工业；也是改善民生、满足人民日益增长的美好生活需要的基础制品业；还是支撑国防、航天航空，以及节能环保、新能源、新材料、信息产业等战略性新兴产业发展的重要产业。担当着国家经济发展和国防建设、城乡建设、工农业生产和人民生活资源保障、民生改善、安全供给的重任。“十三五”时期，建材行业伴随技术提升与转型升级，实现产品从中低端向中高端转型，生产方式从资源、能源高负荷向低碳、绿色、环保转型，制造技术从传统集约式向数字化、信息化、智能化转型。通过系统开展高性能材料重大共性关键技术及应用研究，实现高性能建筑材料高效、低能耗制造及应用，有力推动建材工业转型升级，促进智能化时代的产业变革。

《投资指南》突出战略性、先进性和指导性，围绕建材产业发展规划、行动指南，从创新平台、基础能力、智能制造和工业互联网、绿色制造、质量提升、服务型制造和技术改造服务体系六个方面，对建材行业领域，提出了发展方向和投资重点，希望能够成为建材领域工业企业技术改造升级的有效指引，成为各级政府相关部门、金融机构开展工业投资相关工作的重要参考。

三、建材行业发展的重点和亮点

《投资指南》建材领域突出创新发展、强化基础、智能制造、绿色发展和服务体系。通过形成一批技术创新中心、研发服务平台和产业示范中心，从而构建建材行业的创新平台。通过强化核心技术、先进工艺、关键材料，推动建材企业协同发展。将智能制造与绿色制造作为两化深度融合的主攻方向，着力发展智能装备、智能产品和推动生产过程智能化。推动建材制造业与技术服务业的协同发展，促进生产型制造向服务型制造转变，实现商业模式创新和业态创新。

（一）强化平台建设能力

《投资指南》针对建材企业在数据融合、协同发展、技术创新等领域的需求，搭建各种创新平台，为建材行业科研创新提供重要支撑条件。平台建设既强调了涉及建材行业中水泥、玻璃、建筑卫生陶瓷、非金属矿等主要建材产业转型升级所需的共性技术创新平台建设，也提出了清洁煤气、人工晶体、光伏建筑等新兴建材领域关键技术的创新平台建设。这些平台体现了建材行业应对传统产业产能过剩、转型升级和新兴产业攻克关键技术瓶颈的迫切需求，这些共性关键技术已经很难从国外引进，必须进行原始创新研发。

（二）提升智能制造水平

《投资指南》提出在水泥行业、建筑陶瓷、卫生洁具、耐火材料、砖瓦行业使用机器人，既提高了生产效率，又降低了劳动者的劳动强度；提出在玻璃纤维、复合材料、水泥混凝土行业、家居装饰装修材料自动优化控制系统及设备检修专家管理系统；开发智能化生产体系，实现生产流程的智能设计、生产系统的高度集成和生产调度的优化控制。发展智能制造，对于推动建材产业技术变革和优化升级，推动产业模式和企业形态根本性转变，加大技术装备改造提升力度，提升建材行业整体信息化水平，都具有重要的意义。

（三）发展绿色制造产业

为全面落实党中央、国务院关于加快制造业绿色改造升级的决策部署，《投资指南》从两个方面大力推行绿色制造。一是加快绿色改造升级，推进资源高效循环利用。大力推进水泥窑协同处置技术、工业废渣利用技术、玻璃生产线脱硫脱硝纯氧燃烧技术、非金属矿综合利用技术等技术改造升级，降低建材工业生产过程的能源、资源消耗，通过协同处置向环保转型、绿色转型。二是重视安全生产，提升工作效率。在危险岗位实现机械化、自动化，通过安装安全监控管理系统、人员定位系统、紧急避险系统、压风自救系统、供水施救系统、通信联络系统等管理系统，降低劳动者的劳动强度，降低工作风险。

（四）加快产品质量提升

为贯彻落实党中央、国务院关于推进供给侧结构性改革、促进工业稳增长和建设制造强国的决策部署，推动建材工业转型升级、健康发展，《投资指南》提出了研发绿色低碳低热高贝利特、轨道交通用道桥混凝土结构超快速修复、3D 打印等水泥基材料，适用于海绵城市、水环境治理、特色小镇、新农村建设、建筑工业化的绿色建筑材料，以及适用于先进能源、航空航天、传感器件、节能环保的新型建筑材料。对高性能热防护材料技术、建筑陶瓷制备工艺、特种水泥煅烧生产工艺技术等关键工艺技术进行改造和升级，满足国家重大工程和民生工程的需求。

（五）发展建材服务行业

建材行业作为传统的制造业，正面临前所未遇的挑战，也面临前所未有的机遇。制造业与服务业融合发展，是新发展理念在推进传统产业结构调整、优化升级的具体体现，加快发展现代服务业，实现制造业与服务业融合发展，为传统产业指明了新的发展方向和途径。《投资指南》提出围绕绿色建筑、复合材料、矿物功能材料等领域，搭建公共服务平台、建立创新中心、产业发展联盟及产业化示范基地。发展建材工业从研发设计、创业孵化、知识产权、到科技咨询在内的全产业链，完善非金属矿从地质勘查、工程咨询、工程设计、工程建设、设备安装到工程总承包的建材工程建设服务产业链。将建材制造业与服务业高度融合，实现“工业服务化、服务产品化”。

四、其他说明

《投资指南》是引导工业企业技术改造升级的重要依据，我们将发挥中国建筑材料联合会的行业资源，发挥引领、协调、服务的职能，以企业为主体，加快发展新技术、新产业、新业态，大力推动建材工业技术改造升级。同时我们也将不断结合行业发展实际，根据国内外行业发展新动态，研判与预测行业趋势和需求，及时完善与修订该指南，为政府、企业提供决策参考。

石化与化工行业解读材料

中国石油和化学工业联合会

一、编制背景

2016 年，为指导石化与化工等行业创新发展和转型升级，引导行业技术改造投资方向，中国国际工程咨询有限公司与中国石油和化学工业联合会等 11 家协会联合发布了《工业企业技术改造升级投资指南（2016 年版）》（以下简称《投资指南（2016 年版）》）。该版本发布以来，为政府决策和企业投资指明了方向，有效推动了我国石化行业的结构调整，提升了行业绿色发展水平，可以说是意义重大、影响深远。

2016 年至今，随着国际贸易格局的变化和安全环保要求的提升，石化与化工行业面临的发展环境和发展形势出现了一些新变化。而技术创新的持续推进和下游需求的不断变化，导致化工新材料、高端专用化学品等细分领域的发展方向也发生了不同程度的改变。鉴于《投资指南（2016 年版）》对于行业技术改造工作的指导作用有所弱化，石化联合会与中咨公司对其进行了修订和重新发布。

二、石化与化工行业发展成就和面临的新问题、新挑战

2016 年以来，我国石化与化工行业发展平稳。2018 年，石化与化工行业规模以上企业 27813 家，主营业务收入 12.4 万亿元，同比增长 13.6%，利润总额 8393.8 亿元，同比增长 32.1%，分别占全国规模以上工业主营收入和利润总额的 12.1%和 12.7%，资产总计 12.81 万亿元，资产负债率 54.56%。石化与化工行业在淘汰落后产能、打造知名龙头企业、加快园区化发展、提升安全环保水平等方面，开展了大量卓有成效的工作。

2016—2018 年，合成氨产能净减少 205 万吨，磷肥产能净减少 20 万吨，农药原药净减少 12 万吨（折纯量），硫酸净减少 200 万吨，电石净减少 400 万吨，

促使技术装备水平持续提升，产业集中度有所改善；中国石油、中国石化等大型骨干企业集团不断推进供给侧结构性改革，主导产业更加突出，核心竞争力不断增强，在行业发展中的“稳定器”和“压舱石”作用更加明显；化工园区在产业发展中的地位和作用越来越突出，产值规模超千亿元的化工园区达到 13 家，“中国化工园区 30 强”品牌和引领效应不断增强；2018 年行业认定绿色工厂 44 家、绿色产品 133 种、绿色园区 3 家，参与能效领跑者活动的石化产品产值已占行业总产值的 60%。

但是，创新能力不强、安全环保制约加剧、产业集中度不高等问题依然制约着行业的可持续发展。炼油、化肥、电石、聚氯乙烯、纯碱等低端产能过剩的同时，化工新材料、高端专用化学品持续短缺，高端聚烯烃自给率仅 44%，工程塑料自给率仅 61%，其中消费量最大的聚碳酸酯自给率仅 32.8%，且主要由在华的外资企业生产；以企业为主体的创新体系尚未形成，产学研用结合不紧密，科研成果产业化程度较低，研发投入不足，基础研究和共性技术开发工作进展缓慢；企业数量多、平均规模小，中小型化工企业数量占比约 97%，30 万吨/年以上合成氨企业只有 91 家，2000 家有生产资质的农药企业中，规模以上企业只有 900 家。资源环境约束持续加大，原油对外依存度超过 70%，天然气对外依存度超过 40%，全行业能源消费总量 5.5 亿吨标煤，位居工业部门第二，合成氨、甲醇、乙烯等重点产品能效水平与国际先进水平普遍存在 10%～30%差距；部分中小企业安全主体责任没有落实到位，安全投入不足，管理混乱，制度缺失，设施陈旧，导致特殊作业环节事故占比高且重大事故多发。

为此，行业必须对产业结构和发展方式进行全方位的变革和调整，利用新技术、新工艺、新装备对原有装置进行全面深入的改造升级，从而提升行业整体的绿色发展水平，走出一条资源消耗少、技术含量高、质量效益好的新型工业化之路，实现由石化大国向石化强国的新跨越。

三、修订工作的依据和作用

新修订的 2019 年版《投资指南》牢牢把握科学发展的主题和转变发展方式的主线，以结构调整和创新发展为重心，从创新平台搭建、基础能力建设、智能制造和工业互联网、绿色制造、质量提升、服务型制造和技术改造服务体系建设等多个层面，对石化行业技术改造升级投资的重点进行了梳理和归纳，内容十分具体，具有较强的可操作性。修订《投资指南》的依据主要有两个方面：

一是修订《产业结构调整指导目录》的要求。《产业结构调整指导目录》（以下简称《目录》）是指导工业投资方向的最为重要的政策依据，包含鼓励、限制、淘汰三类方向，会根据行业发展情况适时进行修订。相对于 2011 年版，2019 年修订版《目录》调整幅度较大，特别是鼓励类石化产品和生产工艺发生了翻天覆地的变化。而这些产品和工艺基本上都属于《投资指南》中鼓励投资的范畴，因此为适应《目录》修订的要求，也必须根据其修订情况，对 2019 年版《投资指南》进行调整。

二是《关于促进石化产业绿色发展的指导意见》（以下简称《意见》）的要求。为提升石化与化工行业绿色、可持续发展水平，2017 年 12 月，国务院发布了《意见》，提出了石化产业绿色发展的指导思想、基本原则、主要目标、重点任务和保障措施。《意见》强调石化产业迫切需要加强科学规划、政策引领，形成绿色发展方式，提升绿色发展水平，推动产业发展和生态环境保护协同共进。《意见》提出，要以“布局合理化、产品高端化、资源节约化、生产清洁化”为目标，优化产业布局，调整产业结构，加强科技创新，完善行业绿色标准，建立绿色发展长效机制，推动石化产业绿色可持续发展。《意见》为我国石化行业绿色发展指明了方向，也提出了非常具体的要求，因此我们将符合行业绿色发展方向的相关内容加入《投资指南》中。

对《投资指南》进行修订，是贯彻落实国家最新大政方针，推进石化与化工行业供给侧结构性改革的重要举措，是新常态下行业实现绿色可持续发展的重要指引。《投资指南》来源于行业，从石化与化工企业、研究机构、行业协会征集而来，经分析、整理、提炼而得，是全行业集体智慧的结晶，是业界诉求的集中体现，代表石化与化工行业广大从业者对行业发展方向和趋势的分析和判断。《投资指南》的发布将有助于企业明确发展方向和重点，从而做出正确投资决策；有助于地方政府合理招商引资，减轻盲目重复建设；有助于科研院所和金融机构科学配置创新要素和金融资源，提高资本效率；对石化与化工行业转型升级具有重要作用。

医药行业解读材料

中国医药企业管理协会

为落实制造强国建设和国民经济发展“十三五”规划要求，近期我们组织编写了《工业企业技术改造升级投资指南（2019年版）》(以下简称《投资指南》)，医药行业是重点支持发展的领域之一。《投资指南》医药行业对指导医药产业创新发展、提高创新能力、引导社会投资方向、加强工业企业技术改造、推动结构优化转型升级、加快战略性新兴产业培育，具有重要的影响和作用。

一、聚焦重点，亮点突出

2016年10月26日，工信部等六部委联合发布了《医药工业发展规划指南》(以下简称《规划指南》)，作为“十三五”时期指导医药工业发展的专项规划指南，目标是推动医药工业加快由大到强的转变。《投资指南》医药部分与《规划指南》中涉及的八项任务实现了全方位对接，突出了发展重点，聚焦了创新亮点。从增强产业创新能力、提高质量安全水平、提升供应保障能力、推动绿色改造升级、推进两化深度融合、优化产业组织结构、提高国际化发展水平、拓展新领域发展新业态等方面均有所体现。

《投资指南》医药行业支持内容较为系统全面：一是发展共性关键技术，整合研发力量和资源，实现重点技术突破，搭建医药产业创新综合平台；二是构建数字化工厂和智慧医疗体系，提升医药行业智能制造水平；三是支持医药产品新技术、新材料开发，强化工业强基能力；四是支持制药生产过程清洁工艺和设备应用，提高绿色制造水平；五是支持高性能、数字化、集成化的新型通用医疗设备开发，增强高端装备应用能力；六是重点提升生物药、化学药、中药和医疗设备等产品质量水平；七是实施产品全生命周期管理，强化为产业链上下游提供整体解决方案的服务型制造能力；八是支持医药企业持续改进 EHS 管理体系，不断提高安全环保生产水平。

二、指导性强，科学合理

《投资指南》明确了“十三五”时期医药工业企业技术改造升级投资重点涵盖医药生产、医疗服务等大健康产业的上下游领域，对于推动医药行业健康运行、帮助地方部门科学管理、指导企业创新发展、引导市场理性投融资，都将产生积极的影响和重要的作用。

一是有利于推动医药行业健康运行。《投资指南》明确支持技术创新和安全生产，将会促进医药行业的健康运行。例如，支持创新药物发现技术、化学药先进制备技术、口服固体制剂质量一致性技术、新型抗体构建等产业发展共性关键技术平台建设，以及体外诊断试剂研发和产业化平台建设，支持高端医学影像设备及其核心部件、先进治疗设备及高端植入介入产品的开发；发展基于新靶点和新作用机制的创新药，发展针对我国特定疾病亚群的新药、新复方制剂、诊断伴随产品；重点支持缓释与控释、脂质体、纳米微球、靶向微丸、黏膜及肺部给药、经皮给药等新剂型、新疗效、新释药系统等高端制剂及用于高端制剂的药用辅料、新型包装系统等的开发；支持联合疫苗、治疗性疫苗、ADC 药物、新型抗体药物等生物技术新药和生物类似药大品种开发。支持医药研发数据和公共资源平台建设，实现数据和资源开放共享，为全行业医药研发提供服务。鼓励提升 EHS 相关硬件和软件，最大限度减少环境污染、安全事故和职业病发生，培育履行社会责任、以人为本、可持续发展的企业文化。

二是为主管部门科学管理提供参考。《投资指南》大力支持绿色制造、智能制造，将为行业和地方主管部门科学管理和强化服务提供参考。例如，支持以厂房集约化、生产洁净化、废物资源化、能源低碳化为目标，打造一批低排放绿色工厂。在医药企业开展数字化车间和智能工厂示范，改进制药设备的自动化、数字化、智能化水平，增强信息上传下控和网通互联功能；采用工业互联网、物联网、大数据和云计算等信息化技术，广泛获取和挖掘生产过程的数据和信息，为生产过程的自动优化和决策提供支撑；推动“制造执行系统”（MES）在生产过程中的应用，整合集成各环节数据信息，实现对生产过程自动化控制。在大型综合性医院、专科医院，以及不同区域建设一批大型数字化医院和区域医疗服务协同示范工程，促进医疗信息共享、协同医疗和整合服务。研究建立全国统一的电子健康档案、电子病历、医疗服务、医保信息等数据标准体系，加快推进医疗卫生信息技术标准化建设。建设大规模的生物资源库和生物信息中心核心平台。建设网络化的国家生物资源和生物信息服务设施，加强对基因信息的深度发掘，带动新型测序仪的发展。建设中药工业原料生产信息服务平台，实现对中药企业提供科学指导服务。

三是有利于指导企业创新驱动发展。《投资指南》在鼓励质量提升方面支持医药产品五大领域创新开发，方向明确、分类细致，对医药企业技术创新指导作用显著。生物技术药物领域重点：开发难治疾病及用于紧急预防和治疗感染性疾病的抗体药物，如国内市场紧缺的凝血因子Ⅷ、抗巨细胞病毒免疫球蛋白等产品。加快针对重大或新发传染病预防和治疗的新疫苗开发。化学药物重点：加快完成国家基本药物口服固体制剂的一致性评价任务。开发抗病毒、抗多药耐药菌、抗耐药结核杆菌等新型抗感染药物。开发治疗我国高发性肿瘤疾病的毒副作用小、临床疗效高的靶向、高选择性抗肿瘤药。针对我国存在用药空白、短缺或产品落后的其他高发多发性疾病，严重危害生命健康的罕见病，技术落后的儿童用药，开展相应的新产品研发及生产。中药领域重点：围绕重大疾病及中医药治疗优势病种，开展经典名方和确有临床疗效的中药新品种的研发生产，开展具有民族医药理论特点、资源特色和治疗优势的民族药新药的研发和生产。针对重大疾病，利用我国特色天然药物资源，开发一批有效成分明确、作用机理清楚、剂型先进的有效成分或有效部位新药。医疗设备领域重点：实施国家医疗器械标准，提高行动计划，提升医疗设备的稳定性和可靠性。开发数字化 X 射线机、多层螺旋 CT 机、超导磁共振成像系统、核医学影像设备、超声成像设备等；开发普外及专科手术室成套设备和高性能麻醉工作站、无创呼吸机等；开发和生产符合 GMP 要求的无菌原料药干燥、后处理及包装设备，缓控释等新型制剂生产设备等。医药新材料领域重点：加强药用辅料和直接接触药品的包装材料和容器的标准体系建设。推动仿生医学、再生医学、组织工程与生物技术的融合，促进新型高生物相容性医用材料的研制和产业化；创制具有知识产权的涂药支架、人工瓣膜、骨修复材料、人工关节、人工皮肤等医疗器械产品。

四是有利于引导市场的理性投融资。《投资指南》明确工业强基任务，支持高端装备发展，将会引导社会资金等要素投向，激发资本对接市场需求，增强技术改造升级的动力。例如，支持开发新型医疗设备关键基础零部件、基础材料，建设生物技术药物发现、评价、检测、安全监测等公共技术平台，完善生物技术药物产业体系。研制数字化、智能化高性能医疗设备，医院远程医疗装备，新型通用医疗仪器设备等。

加快医药工业企业技术升级改造，既是当务之急，更是长远大计。它是推动医药产业迈向中高端、形成竞争新优势的必由之路，是提质增效、改善供给和扩大需求的重要举措。聚焦医药重点领域，发挥指南引导和企业主体作用，以市场为导向，以提高质量效益为目标，启动实施一批重大技改升级工程，有效降低生产经营成本，必将加快推动创新型企业和新兴产业成长，不断促进医药行业又好又快地可持续发展。

轻工行业解读材料

中国轻工业联合会

一、编制依据

《工业企业技术改造升级投资指南（2019 年版）》（以下简称《投资指南》）中轻工行业部分，是依据工业和信息化部发布的《轻工业发展规划（2016—2020 年）》及中国轻工业联合会制定的《轻工业高质量发展行动计划（2018—2020 年）》《轻工业技术进步“十三五”发展指导意见》《轻工装备技术进步“十三五”发展指导意见》等文件的具体要求和相关精神进行编制。

二、作用和意义

轻工业 90%以上的固定资产投资属于社会或民间投资。技术改造是轻工行业的重要投资方式之一，在带动社会投资尤其是民间投资中发挥了重要的引领和示范作用，极大地促进了轻工业的创新发展。通过大力推进数字化、网络化和智能化改造，家电、五金、制鞋等行业装备智能化水平不断提高，智能制造技术取得重大突破。

《投资指南》的发布，将指导我国轻工业向创新、绿色、智慧的方向转型升级，引导企业技术改造方向，推动轻工业技术和装备进步，更有利于加快制造业与服务业协同发展，引导社会投资发展方向，指导金融业服务轻工业发展，推动我国轻工业整体迈向中高端，由轻工大国向轻工强国迈进。

三、轻工业发展的重点和亮点

轻工业是制造业的重要组成部分，是我国国民经济的传统优势产业，具有较强国际竞争力，是覆盖行业民生消费品最广的，承担着满足消费、稳定出口、扩大就业、服务“三农”的重要任务，在经济和社会发展中发挥着举足轻重的作用。2018年，轻工行规模以上企业实现主营业务收入19.6万亿元，同比增长6%；实现利润1.3万元，同比增长5.9%；累计完成出口交货值2.5万亿元，同比增长5.5%。经过多年发展，轻工产品不仅在数量上满足了基本消费需求，在品质上也有了大幅跃升。轻工产品在世界贸易量中的比重，小家电占到80%，空调器、微波炉、羽绒服占70%，自行车占65%，日用陶瓷占60%，电冰箱、鞋占50%，洗衣机占45%。文体、陶瓷、玻璃、工艺美术、乐器、文房四宝等行业产品频繁出现在我国举办的北京奥运会残奥会、上海世博会、G20、APEC等国际活动中，向世界展现了中国轻工行业中高端产品的风采。在应对国际贸易摩擦方面，造纸、自行车、饮料、电池、陶瓷、皮革、家具、家电、化妆品等行业取得了积极成效，在国际市场的竞争水平有了长足的提高。

2019年是新中国成立70周年。经过长期努力，中国特色社会主义进入了新时代，我国经济已由高速增长阶段转向高质量发展阶段，轻工业改革发展也面临一系列新任务、新使命。站在新时代的新起点上，必须以习近平新时代中国特色社会主义思想为指引，通过创新发展、智慧发展、绿色发展，力促我国轻工业质量和效益协同提升，坚定不移地推动轻工传统产业提质增效。《投资指南》指出了轻工业技术改造的总体方向，提出了培育发展新兴产业的路径和措施，加大了对传统产业的改造升级力度，同时还致力于解决制造业创新能力、产品质量、工业基础等一系列阶段性的突出矛盾和问题。

（一）以科技为引领，推动轻工业创新发展

科技创新是轻工业高质量发展的有力支撑。改革开放40年来，造纸、皮革、食品、家电、电池、日化、轻工机械、衡器等行业普遍建立了产学研用一大批创新团队，形成了轻工科技创新平台。自2016年开始，中国轻工业联合会认定了87家中国轻工业重点实验室和59家中国轻工业工程技术研究中心，涵盖了轻工大部分重点领域。大部分重点实验室和工程中心参与承担了国家重点研发计划、国家自然科学基金、地方专项等各类项目，取得了一批科研成果。在2018年中轻联科技奖一等奖项目中，有12个完成单位为重点实验室和工程中心依托单位，为推动行业技术进步和创新发挥了重要支撑作用。

轻工重点行业要进一步提升基础能力建设，采取产学研结合模式，统筹组织突破一批制约重点行业发展的“四基”项目。针对轻工重点行业关键装备依赖进口的现状，以关键技术、设备和重点项目为突破口，提高重点装备研发水平。以信息技术、生物技术、新能源为标志带动轻工新兴产业发展。突破一批核心技术，并实现产业化应用，带动轻工业基础能力建设的全面提升。

（二）推进智能制造，推动轻工业智慧发展

智能制造、智慧发展是企业转型升级的主旋律。近年来，互联网、物联网、大数据、云平台、人工智能等一系列信息技术的快速发展，为企业智能制造、智慧发展提供了有力支撑。目前，全国智能制造示范企业共 5 批 305 家，其中轻工企业 45 家，轻工行业在智能制造方面仍有很大的发展空间和发展潜力。

轻工重点行业要积极参与本行业关键特殊专业装备的自动化、智能化改造，参与本行业工业机器人等智能制造装备和智能化生产线的关键核心技术研发、设计和制造；加大智能制造方向的技术改造力度和投入。大力推进制造过程的智能化，从产品的设计智能化、关键工序智能化、供应链优化管控方面，推进重点行业智能制造单元、智能生产线、智能生产车间和智能工厂的建设。

（三）注重环境保护，推动轻工业绿色发展

利用新技术、新工艺、新材料、新设备，推动食品、造纸、皮革、电池、塑料、洗涤用品、化妆品、五金、家电、照明电器、日用玻璃、日用陶瓷、制笔、日化、搪瓷等重点行业企业节能降耗、减排治污。加强重点领域清洁生产技术开发和推广应用。制定重点行业清洁生产技术评价指标体系，开展清洁生产先进企业的认定。树立能耗标杆企业，开展能效对标达标活动，大力推广节能新技术。在造纸、食品等重点行业企业引导建设能源管理中心，利用信息技术和管理技术实现企业的节能。在电池、皮革、照明电器等行业研发、推广重金属污染防治技术，进一步推动落实《高风险污染物削减行动计划》，大幅提高行业清洁生产水平。加强废弃物综合利用技术的推广应用，提高废弃电器、废纸、废塑料、废电池、食品废渣、皮革废弃物等大宗工业固体废弃物的转化为再生资源的能力。

（四）以实施“三品”战略为重点，推动轻工产品质量提升

党的十九大报告指出：“中国特色社会主义进入了新时代，我国社会主要矛盾已经转化为人民日益增长的美好生活需要和不平衡不充分的发展之间的矛盾。”进入发展新时代，轻工消费品正在从“有没有”，向“好不好”转变，品种丰富度、品牌认可度、品质满意度正在大幅提升，呈现出多层次、多元化的升级新趋势。农副食品加工、食品制造、酒和饮料等快速消费品，向安全、品质、绿色、健康发展的趋势更加明显；家电、家具等耐用消费品，向创新、智能、美观、时尚发展的趋势更加明显；玩具、文教用品、健身器材，等文娱用品，向先进设计多元集成、智能互联发展的趋势更加明显。轻工消费品正在实现从数量扩张向高质量发展的战略性转变，全面助力“乐享生活”新模式，满足人们对营养、健康、教育、娱乐、休闲的高品质生活的需求。

为更好满足人民美好生活需要，大力实施“三品”战略，鼓励企业通过技术改造追求卓越品质，注重工业设计，形成具有知识产权的名牌产品，不断提升企业品牌价值和“中国制造”整体形象，推动中国产品向中国质量转变，推动我国轻工产品整体迈向中高端。

（五）与现代服务业深度融合，加快建设轻工强国

加快制造业与服务业的协同发展，推动商业模式创新和业态创新，推进创意设计与轻工制造业融合发展。鼓励将互联网大数据服务融入轻工业管理与服务体系，建立社会化、专业化、信息化的现代物流服务体系，提高物流效率，降低物流成本。鼓励企业开展个性化定制、网络协同制造、信息增值等服务，探索柔性化生产等服务型制造模式。强化服务型制造试点示范的引领作用，针对企业、行业、地区等不同主体，在现有优势基础上先行探索经验，重点开展轻工业改造提升试点示范，同时在个性化定制、工业设计、供应链管理、公共服务平台、标准培育等方面推进一批试点示范，为推广实施轻工业改造树立典型。

综上所述，《投资指南》是引导工业企业技术改造升级的重要依据。《投资指南》的发布将促进轻工传统产业的转型升级，为落实“三品”战略、供给侧结构性改革提供更好支持，更为轻工大国向轻工强国进军提供强劲动力。

纺织行业解读材料

中国纺织工业联合会

我国发展仍处于并将长期处于重要战略机遇期，尽管我们面临的内外环境更趋复杂，经济下行压力加大，但纺织行业健康稳定发展的基本面没有改变，支持高质量发展的生产要素条件没有改变。在投资规模有所减少的境况下，我们更要集中精力做好自己的事情，在《工业企业技术改造升级投资指南（2019 年版）》（以下简称《投资指南》）中明确纺织行业技术进步发展方向及投资导向，促进行业产业升级、结构优化，切实推进行业高质量发展。

一、编制意义、依据及原则

修订《投资指南》，是新业态、新模式、新发展理念、新技术的发展要求，是推动纺织制造业高质量发展第一要务的要求，是适应国际环境多变的要求。新的《投资指南》将对企业技术改造、社会精准投资、金融精准支持等具有重要的指导意义；是加快纺织先进制造业、产业集聚和产业集约化发展、优化产业布局、促进纺织工业高质量发展的重要举措；是落实“科技、时尚、绿色”的产业新定位，全面提升产业发展能力，为加快纺织制造业向高端、智能、绿色、服务方向转型升级，推动新旧动能转换的有效途径；是建设现代化纺织制造强国的重要技术支撑。

《投资指南》的修订，依据了国家产业发展与转移指导目录及产业关键共性技术发展指南、纺织行业发展规划及发展重点，并符合我国制造业高质量发展战略及纺织行业高质量发展的要求。修订工作遵循了政策符合性原则、发展持续性原则、重点突破性原则、产业链协调发展性原则等。

二、编制重点

《投资指南》的修订，既要突出纺织高新技术发展，也要兼顾传统产业优化升级改造，同时强化基础提升补短板（加长板）发展的要求。《投资指南》从创新平台、基础能力、智能制造与工业互联网、绿色制造、质量提升、服务型制造和技术改造服务体系六大领域、系统全面地明确了纺织行业技术进步发展的重点。

一是创新平台建设。创新平台是创新体系的重要组成部分，也是行业创新发展的重要支撑，加快推进创新平台建设，在提高创新效率、促进产业融合发展、改善创新环境、协同服务机制等方面将发挥重要作用。《投资指南》在更多领域提出了纺织工业创新平台建设重点。（1）对高性能纤维及复合材料、高性能产业用纺织品材料的技术创新平台；（2）废旧纺织品循环再利用服务平台；（3）纺织产业集群协同创新、供应链管理大数据综合信息服务平台，个性化定制及网络制造平台建设；（4）重点实验室、研究中心及技术创新联盟；（5）新增了先进功能性纤维创新中心、纺织产业智能制造协同创新服务、绿色纤维设计、绿色供应链系统集成等平台；纺织清洁生产、资源综合利用、污染治理等绿色制造创新推广平台等。

二是提升基础能力。提升纺织工业基础能力，是实现纺织制造强国的重要途径，“四基”能力水平直接决定了纺织产品的性能和质量。《投资指南》工业制造基础能力从基础零部件（元器件）、先进基础工艺、关键基础材料和产业技术基础公共服务平台四个方面明确了强基发展方向。新增的重点内容：自动穿经机的关键零部件、电子送经和电子卷取装置；无锑聚酯聚合与纺丝工艺，新一代共聚、共混、多元、多组分在线添加技术，高性能纤维稳定化、低成本化生产工艺，循环再利用纤维化学法生产工艺；新溶剂法纤维素纤维和无锑聚酯纤维绿色设计平台，高品质循环再利用纤维制造技术创新平台，环保聚合催化剂研制与产业化应用技术创新平台，化纤高效柔性制造技术创新平台，车用纺织品技术创新平台，化纤长丝超仿真纺丝与深加工应用技术创新平台等。提升基础能力将为实现纺织制造强国奠定重要的技术基础。

三是智能制造。纺织行业智能制造离不开智能化的纺织装备。重点发展数字化、网络化、智能化制造，实现高效、低能耗、柔性化、自动化、数字化、智能化纺织装备及生产技术。《投资指南》从纺织智能化单元（管控系统）和智能化生产线、智能化生产车间、智能化工厂建设、智能化管控、智能仓储等明确智能化技术发展方向，并涵盖了纺织全产业链。新增了10个方面的智能化应用技术，分别是加强化纤设备远程监控管理系统、生产工艺仿真系统、在线质量监测及管理系统；基于机器视觉的纺织品外观在线检测系统；加强化纤（涤纶、锦纶、氨纶、再生纤维素纤维等）智能化生产线、全流程数字化工厂和相关智能制造标准体系建设；智能化家纺生产线；智能化长丝织造生产线和数字化织造车间；智能化缫丝生产线；智能化针织（纬编、经编）生产线；智能化针织服装生产线；基于RFID的毛衫智能生产线建设；印染废水处理及深度膜处理中控管理系统等。

四是绿色制造。“十三五”是落实纺织强国战略的关键时期，是实现纺织工业绿色发展的攻坚阶段，推进绿色发展是提升纺织国际竞争力、可持续发展的必然选择。《投资指南》的修订，更加重视废旧资源回收和再生利用技术、污染治理技术；充实了纺织各产业链绿色生产技术。《投资指南》从化纤及纺织品制造、印染加工、绿色纺织化学、废旧资源回收和再生利用、产业用纺织品等五个领域明确了发展的重点；将积极引导企业应用绿色关键技术，淘汰落后产能，增强纺织行业健康可持续的发展动力；鼓励发展清洁生产，打造绿色工厂、绿色园区，加快形成纺织行业绿色制造体系。将“安全生产”并入绿色制造。

《投资指南》新增的具体内容：废旧聚酯原料处理与分级利用技术，醇解、杂质分离、聚合、纺丝连续化循环再利用纤维制备的产业化技术及装备；循环再利用纤维化学法（BHET）路线产业化关键技术，大容量物理法循环再利用纤维生产技术；再生涤纶、再生丙纶和废旧纺织品在过滤分离、土工建筑、交通工具、农业用、包装用等产业用纺织品领域的应用技术。土工合成材料及过滤与分离用、车用、农业用、安全与防护用等产业用纺织品的回收再利用技术及应用示范基地建设。丝胶蛋白回收利用技术，污泥低温真空脱水干化技术、污泥无害化处理技术。化纤长丝织造免上浆技术、喷水织造绿色环保加工关键技术，喷水织机废水处理“零排放”技术。蚕丝织物数码双面印花加工技术，毛毯全自动大花回圆网印花技术等。

五是质量提升。质量提升是《投资指南》的重要内容之一，从化学纤维制造、新型纺织技术推广应用、服装制造、纺织机械装备、纺织特种应用、纺织新材料六个领域明确了技术改造的重点技术。新增的重点内容有“化学纤维制造”，除“差别化、多功能纤维”外，高性能纤维，生物基纤维，循环再利用纤维等都是新增的内容，并分别具体明确了各纤维领域的重点技术。充分体现了纺织制造高质量发展从源头保障的发展理念。

在新型纺织技术推广应用方面，对纺织品、产业用纺织品、家纺等全产业链，明确了鼓励发展的先进适用技术。在服装制造方面，对质量控制、技术研发、工业设计等明确了发展方向。在纺织机械装备制造方面，从数控、自动化、连续化、智能化、节能环保、纺织专用基础件专用生产装备等先进技术，提出了具体发展方向，体现了纺织品加工制造质量必要的保障条件。在纺织新材料方面，突出了功能性、智能纺织品新材料的应用，新增了高性能、多功能、高效高精度的纺织新材料；高功能、多功能复合职业工装和特种防护服装的生产技术及产业化；智能纺织品技术等。

六是服务型制造和技术改造服务体系。服务型制造要求企业技术与服务齐头并进，建立新型服务形态是新时代企业发展的必然选择。针对纺织行业制造服务的特点，从以下几个方面明确了发展的重点：（1）鼓励开展纺织工业设计服务，个性化服务，如产业用纺织材料与应用企业，协同提高相关工程设计、施工和维护等服务型制造能力；（2）客户需求服务，大批量定制服务；（3）打造全流程化智能服务体系；（4）强化服务型制造试点示范的引领作用等。

《投资指南》是促进技术改造升级、务实全面地推进行业高质量发展的重要举措，积极推广智能制造技术、绿色制造技术、关键先进适用技术，加快提升纺织产品和服务的供给能力，全面提升产业发展能力。

工业企业技术改造升级

典型案例汇编

第一部分

地方工业和信息化主管部门篇

河北省促进技术改造工作情况

河北省工业和信息化厅

河北省将实施新一轮技术改造作为推进工业转型升级的主要抓手，视为加快经济增长、提升创新能力、促进节能减排、提高质量效益、推进新旧动能转换的重要途径。通过持续推进工业企业技术改造，全省工业高质量发展水平不断提升。2018 年技术改造投资同比增长 8.7%，技改投资占全省工业投资比重的 59.5%，对全省工业投资增长的贡献率达到 60%。

一、河北省促进企业技术改造的做法

（一）持续完善技改支撑体系

一是强化组织领导。成立主管副省长任组长的省工业企业技改工作领导小组，定期发布年度技术改造工作要点，明确技术改造重点任务。**二是不断健全政策体系。**制定印发《河北省新一轮工业企业技术改造三年行动计划（2018—2020 年）》《2019 年河北省工业企业技术改造工作要点》等重要文件，更新发布《河北省技术改造投资导向目录（2019—2020 年）》，明确工业转型升级和技术改造工作重点的方向。**三是完善健全部门间工作机制。**联合统计局重点围绕改建与技术改造、扩建、迁建、购置设备、恢复五个方面，建立全省技术改造投资统计指标体系。与发改部门建立项目核准备案机制，按责任分工有序高效推进核准备案工作。

（二）持续实施重点技改项目

一是深化实施“千项技改”工程。围绕智能制造、服务型制造、绿色制造、工业强基和重点产业改造提升等重点，引导开展技术改造。截至 2018 年年底，累计实施省工业企业重点技术改造项目 7082 项，总投资 22268.6 亿元。**二是实施工业强基工程。**着力提升关键基础材料、核心基础零部件（元器件）、先进基础工艺和产业技术基础等工业基础能力，解决产业突出短板，自 2016 年开展省工业转型升级强基专项以来，共有 48 个项目入选省级工业强基示范。**三是开展“万企转型”行动。**按照“一市一策、一园一策、一业一策、一企一策”原则，指导全省 1.5 万家规上工业企业制定转型升级方案，明确技术改造方向、路径、目标，计划利用三年时间推进全省 1.5 万家规上企业全部实施一轮技术改造。

（三）持续优化资金使用形式

一是创新资金支持形式。在借鉴多省市资金使用经验的基础上，结合我省实际，创新资金使用方式，支持企业购置生产设备，有效避免项目不能按计划完成投资造成无法验收的风险。**二是规范评审流程。**由前几年的项目申报材料集中评审、项目现场部分抽查的形式，优化为财务专家集中评审、会计师事务所全覆盖开展现场专项投资审计、项目总数 5%比重交叉复核，提高项目评审科学性、真实性。优化资金支持形式和评审流程后，省审计厅在开展资金审计过程中，未出现 1 例资金追回情况。**三是拉动社会投资作用不断加强。**2018 年省级技改专项共支持 93 个重点技改项目建设，拉动总投资 211.6 亿元。

（四）持续优化企业营商环境

一是实施重点项目领导包联机制。制定重点技改项目分包服务工作方案，明确总投资 10 亿元以上、1 亿～10 亿元、5000 万～1 亿元项目分别由省、市、县三级领导包联，逐个项目确定省市县领导和项目联络员，实施跟踪服务，促进项目落地和尽快投产。**二是搭建企业对接平台。**每年举办政银企技术改造项目对接会，向金融机构发布省千项技改项目，引导创新推广金融产品。2019 年 6 月份举办的对接会上，22 家金融机构与省工信厅签订了合作协议，承诺支持工业企业、中小微企业。**三是营造良好舆论环境。**通过传统媒体、新媒体等多种渠道总结推广在新一轮技术改造过程中涌现的先进典型，发布《工业转型升级典型案例汇编》，为企业实施技术改造创造良好的对标赶超氛围。

二、河北省促进企业技术改造的成效

（一）工业实现稳中有进

2018 年全省规模以上工业增加值同比增长 5.2%，为 2014 年以来最高水平，比上年提高 1.8 个百分点，比全国平均水平（6.2%）低 1 个百分点，超过年初预定增长目标的 5%左右；新增规模以上工业企业 1353 家，超过预定目标 453 家。钢铁、装备、石化、食品、纺织服装、建材、医药七大主要行业工业增加值分别增长 4.6%、8.3%、1.4%、4.4%、-0.5%、3.1%、13.2%。

（二）创新发展成效明显

2018 年全省规模以上工业企业研发投入强度达到 0.84%，比 2016 年提高 0.19 个百分点；规模以上工业企业研发机构总数达到 4055 家，占全部规模以上工业企业比重 27%；全省技术合同成交额突破 500 亿元，增长近 30%，12 项工业领域科研成果获国家科学技术奖。

（三）绿色发展加快推进

2018 年全省规模以上工业能耗比上年下降 3.9%，单位工业增加值能耗下降 8.65%。超额完成六大行业去产能任务，压减退出炼钢产能 1230 万吨、炼铁产能 1087 万吨、煤炭 1401 万吨、水泥 313 万吨、平板玻璃 810 万重量箱、焦炭产能 517 万吨，严防"地条钢"死灰复燃，钢铁"僵尸企业"产能全部出清。推广新能源汽车 37563 辆（折合标准车 69347 辆），超出全年目标任务 1.31 倍。

（四）新旧动能加速转换

2018 年装备制造业增加值增长 8.3%，对全省工业增长的贡献率达 34.6%，成为工业增长第一拉动力。工业战略性新兴产业增加值同比增长 10%，比规模以上工业快 4.8 个百分点。其中，医药制造业增长 13.2%，高铁车组制造增长 49.5%，集成电路制造增长 28.6%。高新技术产业增加值增长 15.3%，比规模以上工业快 10.1 个百分点，其中，高端技术装备制造领域增长 23.1%。新产品产量快速增长。

新能源汽车增长 1.8 倍，动车组增长 34.3%，液晶显示屏增长 30.7%。

（五）质量效益明显提升

2018 年全省规模以上工业企业实现利润总额 2211.7 亿元，同比增长 12%，连续 33 个月保持两位数增长，增速排名全国第 16 位，较 2017 年前进 1 位；主营业务收入利润率为 5.8%，比上年高 0.3 个百分点。制造业实现利润总额 2031.1 亿元，增长 10.3%。

黑龙江省促进技术改造工作情况

黑龙江省经济和信息化厅

黑龙江省坚持以十九大精神为统领，把技术改造作为促进制造业转型升级，实现老工业基地振兴的重要任务，积极创新工作思路，全力推进企业技术改造，稳定工业投资，促进制造业转型升级。2019 年 1—5 月份，全省完成工业技术改造投资同比增长 174.6%。

一、黑龙江省促进企业技术改造的做法

（一）实施分类指导，抓住技术改造的本质规律

一是培育工程技术服务力量。积极开展智能制造系统集成供应商培育工作，通过现场对接、专家培训、工程咨询等方式，引导工程集成供应商参与企业智能升级改造。**二是实施分行业智能化改造。**在全省支持消费品、装备制造业等若干行业开展智能化技术改造，目前已有安宇迪等共 40 余个企业开展了智能化升级，并获得省政府支持，为其他企业技术改造提供了可复制的成功案例。**三是引导智能化改造方向。**通过政府牵头，政策引导，联合高校、科研机构和大中小企业形成合力，开展“零距离”服务，鼓励支持省内企业开展数字化车间建设，加速智能制造发展。

（二）突出五个结合，提高技术改造的发展水平

一是坚持技术改造与科技创新相结合，提升发展新动能。鼓励企业加大研发投入，引导龙头企业、优势企业参与国家科研攻关项目和重大创新工程，不断提升企业研发能力和技术集成能力。**二是坚持技术改造与两化融合相结合，促进工业转型升级。**加快推动新一代信息技术在制造业研发、设计、制造、营销、服务等领域的广泛应用，支持有条件的企业实施信息化改造。**三是坚持技术改造与智能制造相结合，推进产业向中高端迈进。**突出围绕发电装备、航空航天装备等具有比较优势的 17 个重点领域，开展一批协同创新联合攻关，积极推进具有先进

制造技术的科技成果加速转化。**四是坚持技术改造与节能减排相结合，培育发展绿色制造。**以减量化、再利用、资源化为重点，组织实施一批节能技术改造和循环经济项目，提高资源利用效率。**五是坚持技术改造与做好“三篇大文章”相结合，推进优势特色产业协调发展。**重点围绕改造升级“老字号”、深度开发“原字号”、培育壮大“新字号”，加强重点项目谋划和推进工作力度。

二、黑龙江省促进企业技术改造的成效

（一）推动制造业高质量发展态势逐步形成

2018 年，全省完成工业投资同比增长 9.3%，高于全国平均水平 2.8 个百分点，高于去年同期 4.1 个百分点。其中，食品工业完成投资同比增长 37%；医药工业完成投资同比增长 6.2%；冶金工业完成投资同比增长 193%；建材工业完成投资同比增长 11.7%。冶金、食品、医药等行业工业投资的快速增长，分别带动其工业增加值增长 38.7%、12.8%和 10.4%。

（二）制造业企业智能化改造意识进一步增强

2017 年以来，全省共认定数字化示范车间 47 个，遍布全省 11 个有关市（地），行业涉及装备、食品、医药、冶金、原材料、消费品等多个领域，对每个经认定并符合兑现条件的数字化车间所在企业给予一次性奖励 200 万元。目前，数字化车间的示范引领作用正在逐步显现，相当多的企业主动上门取经，全省推进企业数字化、网络化、智能化改造升级的氛围越来越浓。

（三）企业发展后劲进一步增强

近年来，全省大力实施鼓励企业扩大有效投资，支持企业技术改造，支持企业产品创新、两化融合、智能化升级、绿色化发展等方面的政策措施。2018 年，共兑现支持工业企业发展的政策有 15 条，支持工业企业 936 户次，支持资金 11.3 亿元，引导了企业向智能化、绿色化发展的投资方向。2018 年全省完成工业固定资产投资同比增长 9.3%，比全国高 2.8 个百分点，完成投资 5000 万元以上投产项目同比增长 32.3%，比去年同期高 13.2 个百分点，随着这些大项目的投产达效，其必将成为全省工业经济发展新的增长点。

上海市促进技术改造工作情况

上海市经济和信息化委员会

2017 年以来，上海市按照国务院关于加强企业技术改造工作的总体要求，把技术改造作为调结构促转型的重要抓手，为促进本市工业投资企稳回升、投资结构优化、新旧动能转换发挥了重要作用。2018 年，全市推进技改项目 1700 项，完成技改投资 777 亿元。

一、上海市促进企业技术改造的做法

（一）完善顶层政策设计

2018 年，上海市出台了《上海市深入推进技术改造巩固提升实体经济能级三年行动计划（2018—2020 年）》，三年内在六大领域打造 600 个技术改造标杆项目，带动规模以上企业实施 5000 个技改项目的目标，促进上海产业迈向全球价值链高端。方案提出“智能化、高端化、集群化、服务化、精品化、绿色化”为特征的“六化”改造，为今后上海市企业改造提升指明了方向。

（二）持续推动政策创新

引导带动企业由单纯设备更新改造向软硬件全流程改造提升转变，以点带面促进全市企业技术改造升级。2018 年开始，将固定资产投资以外的软件、专利等软性投入纳入支持范围，引导企业由单纯设备更新改造向软硬件全流程改造提升转变。2018 年，全市共推进各领域示范项目 264 项；2019 年 1—5 月共推进示范项目 107 项，项目数量和投资额均创下近年来新高。其中，包含软性投入的技术项目占比由 2018 年的 30% 提升至 2019 年上半年的 60%。市级推进的重点项目占全部项目数量的 40%，专项政策的聚焦及示范效应不断显现。

（三）聚焦重点产业领域

按照《工业企业技术改造升级投资指南（2019年版）》要求，结合上海产业发展实际，编制上海市重点技术改造支持目录。一方面引导钢铁、化工、制药等传统行业加快以智能制造、绿色制造为主的升级改造，推动传统制造模式加快向现代制造模式转变。另一方面，将新能源汽车、智能网联汽车、新一代信息技术、民用航空纳入重点支持领域，加大支持力度。2018年，全市共推进技术改造示范项目264项。

（四）全面做好项目服务

一是提升技改项目审批效率。推动出台《上海市进一步优化社会投资项目审批改革实施办法》，技改项目取得规划设计条件到获取施工许可证，审批时间压缩至15个工作日。**二是建立市区两级技术改造服务体系**。在政策咨询、行政审批、投融资管理等多角度提供保障；对各类所有制企业进行同等支持和服务，近年来，民营、外资企业技术改造项目占全市技改专项项目数量超过80%。**三是加强投融资服务**。设立上海市产业转型升级投资基金，在人工智能、新材料、传感器等领域支持一批技改项目；设立上海集成电路产业投资基金，推动28个重大集成电路技改项目；以市场化的形式支持企业技术改造。推动国家先进制造业基金、上海市产业转型升级发展投资基金等与技术改造项目的对接。

二、上海市促进企业技术改造的成效

（一）有效拉动工业投资

十三五以来，技改投资占上海市工业投资比重已超过60%，在市场投资信心回升、技改投资增长等因素带动下，2016年10月份，上海市工业投资结束了连续28个月的负增长，首次转正。2017年上海市共完成工业投资1031.7亿元，同比增长5.3%；2018年，上海市工业投资同比增长17.7%，创十年新高，技术改造投资同比增长10%，占全市工业投资比重达到64%；2019年一季度，上海市工业投资同比增长 15.8%，技改投资增速达到 18%，工业机器人、新能源汽车、生物医药等领域改造投资保持快速增长。

（二）推动产业全方位升级

以智能化改造为核心的六化改造，推动产业各领域全方位改造升级。智能化改造使企业平均生产效率提升 50%以上，最高提高 3.8 倍以上；高端化改造加快产品与技术向价值链高端迈进。高世代 AMOLED 线性蒸发源、首台一体化 PET/MR 等部分领域问题得到解决；集群化改造加速本市汽车、电子信息等世界级产业集群升级；服务化改造促进生产型制造向服务型制造转变。2019 年 1—3 月，生产性服务业重点领域营业收入同比增长 7.9%。精品化改造推进以增品种、提品质、创品牌为核心的“三品”战略，化妆品、高端家纺等领域供需两旺；绿色化改造推动制造绿色化及产品绿色化。2017 年以来，规模以上工业用能延续了下降趋势，产业绿色制造体系正加快构建。化工、钢铁等高能耗行业资源综合利用水平继续保持国内领先和国际先进水平。2018 年，全市规上工业增加值能耗同比下降 5.2%。

（三）提升产业规模和发展内涵

从全市重点监测的 100 项已完工技术改造项目来看，改造后企业平均销售收入较改造前增长 1.7 倍，利润增长 2.4 倍，税收增长 2.8 倍。改造完工后的三年内，企业销售年均增长 12%，利润年均增长率达 12%，税收平均增长率达 11%。在技术改造推动下，全市产业集约化发展的格局正在形成。2019 年 1—4 月，上海市工业营业收入利润率达 7%，高出全国 1.5 个百分点，位列东部地区第一。

（四）加快产业新旧动能转换

通过“先进制造+传统产业改造”双轮驱动，赋予上海市产业发展的新动力。瞄准先进制造业发展方向，集成电路、航空航天、汽车等行业以先进技术、产品和工艺提升为主的改造不断加快，ABB 机器人超级工厂、发那科三期等一批重大技改项目启动建设。2017 年全市工业机器人产量约占全国一半。纵深推进食品、纺织、化妆品等量大面广的传统行业改造，提升品质，打响产品品牌，加快形成新形势下新型供给能力。2017 年，上海市 13 个主要行业中 10 个行业实现增长。2018 年，工程机械、日化产品等部分传统产品产值实现两位数增长。其中，工程机械领域同比实现 28% 增长。2018 年，全市规上工业增加值再创新高，在国民经济七个主要行业中规模第一。

江苏省促进技术改造工作情况

江苏省工业和信息化厅

江苏省认真贯彻落实党中央、国务院关于技术改造的决策部署，坚持把技术改造作为促进经济发展方式转变、提升工业发展质量效益的重要抓手，切实加强组织领导，引导和支持企业大规模高起点开展技术改造，走内涵式发展道路，为产业转型升级打下坚实基础。

一、江苏省促进企业技术改造的做法

（一）聚焦智能制造，推动工业互联网应用

一是加强顶层设计。与工业和信息化部签署关于共同推进智能制造创新发展战略合作协议，着力加强顶层设计，细化重点任务和政策举措。组织编制《江苏省“十三五”智能制造发展规划》《进一步加快智能制造发展的实施意见》等文件，建立智能制造领军服务机构评选标准。**二是推进智能车间和智能工厂建设**。鼓励引导企业应用自动化、智能化装备和系统、软件进行智能化改造。引导企业建设覆盖生产全流程、管理全方位和产品全生命周期的智能制造示范工厂，首批遴选 14 家智能工厂试点，全省累计建成 728 个省级示范智能车间。**三是推进工业互联网平台应用**。出台《关于深化互联网+先进制造业发展工业互联网的实施意见》和省级工业互联网平台、标杆工厂等建设标准，建成省级重点工业互联网平台 42 个。

（二）聚焦固本强基，提升企业创新能力

一是推进创新成果转化。以发明专利、引进先进高端技术成果、消化吸收再创新的技术成果等为重点，通过技术改造推动创新成果转化应用。省级试点建设高端工程机械及核心零部件等 8 家制造业创新中心，全省已有国家技术创新示范企业 42 家，省级以上企业技术中心 2300 多家。**二是推进关键技术攻关**。制定发

布《江苏省智能制造装备创新发展推进计划》，积极开展关键技术攻关。重点围绕 13 个先进制造业集群，梳理产业行业关键环节技术（产品）短板，建立近 500 项短板技术库。**三是推进实施工业强基工程**。制定出台工业强基工程三年实施方案，对接国家工业强基工程指南，引导企业开展联合攻关和产业化，组织实施重点强基项目建设，促进强基成果推广应用。全省共有 59 个项目列入国家强基工程。

（三）聚焦产业集群，提高集群化发展水平

注重先进制造业集群培育，鼓励引导集群龙头骨干企业加快实施技术改造，推动强链补链，提升产业高端化发展水平。一方面，统筹推进集群培育工作。出台《关于加快培育先进制造业集群的指导意见》，确定 13 个基础较好的集群作为重点培育对象，分别制定培育方案，在集群发展目标、增强创新能力、加快改造提升、培育骨干企业、推动制造与服务协同发展、强化政策支持等方面细化工作任务和措施。另一方面，扎实推进集群重点项目建设。按照强链补链目标要求，突出产业链关键环节、薄弱环节、缺失环节，摸排建立集群重点技改项目库，省、市协同合力推进 800 项以上重点项目建设。

（四）聚焦绿色安全，增强可持续发展能力

一是加快淘汰落后产能。适当提高淘汰标准门槛，辅以实施奖励政策，支持企业主动淘汰一批技术、经济和环保、安全指标相对落后的低端低效产能。2018 年，全省压减水泥产能 210 万吨，平板玻璃产能 660 万重量箱。**二是实施重点节能工程**。每年组织实施重点节能改造项目。截至 2018 年年底，全省累计创建国家级绿色工厂 97 家、绿色园区 9 家、绿色供应链管理企业 4 家。**三是推进重点领域节能**。综合运用政策激励、节能执法和差别化电价等措施，推广使用高效节能电机、变压器等用能产品。制定实施《江苏省项目节能量交易管理办法》，开展项目节能量交易试点，对苏南地区钢铁、有色金属等高耗能行业项目建设实行能耗等量或减量置换。

（五）聚焦环境营造，提升服务发展能力

一是加快推进简政放权。江苏已实现技改项目省级零审批，并对技改项目免

税确认实行“不见面审批”。**二是加强项目要素协调**。建立省级银企融资洽谈联席会议制度，积极开展银企融资洽谈对接活动，引导信贷资金更多地投向重点技术改造项目。2018 年，共向金融机构推荐四批 289 项导向性计划项目，总投资近 1000 亿元，涉及贷款需求约 480 亿元。**三是实施技改综合奖补政策**。研究制定《江苏省工业企业技术改造综合奖补资金实施细则》，以企业上年度主要税种入库税收额与新增税收额、固定资产投资额作为奖补资金安排依据，充分体现公平普惠原则。**四是加强项目跟踪督查**。建立项目专员制度，加强项目分类跟踪管理，对列入省重点工业投资项目计划的项目，按月度进行跟踪。建立重大项目在线跟踪机制，通过信息平台进行月度在线跟踪，及时掌握了解、协调解决项目实施中存在的问题。

二、江苏省促进企业技术改造的成效

（一）技改投资较快增长

2017 年，全省工业投资、工业技改投资分别增长 6.7%、11.5%，工业技改投资增速快于工业投资 5.2 个百分点，占工业投资比重达 57.9%。2018 年，全省工业和技改投资同比分别增长 8.0%、10.7%，工业技改投资分别高于工业投资、固定资产投资 2.7、5.2 个百分点，占工业投资比重提高至 60.6%。

（二）投资结构不断优化

高新技术产业投资快速增长，2017、2018 年，全省高新技术产业投资分别增长 8.1%、15.2%，分别高于工业投资 1.4 个百分点、7.2 个百分点。高耗能行业投资增幅较低，2017、2018 年，全省高耗能行业投资分别下降 1.4%、0.2%。

（三）民间投资主体作用显著

从经济类型看，以私营个体经济为主的民间投资主体作用显著，增幅持续高于工业投资。2017 年全省工业民间投资同比增长 8.9%，高于工业投资 2.2 个百分点；2018 年全省工业民间投资同比增长 10.5%，增速快于全部工业投资 2.5 个百分点。

浙江省促进技术改造工作情况

浙江省经济和信息化厅

近年来，浙江省深入贯彻落实新一轮重大技术改造升级工程，紧紧围绕制造业高质量发展目标，以智能制造为主攻方向，大力推进产业数字化，推动企业实施智能化技术改造。

一、浙江省促进企业智能化技术改造的做法

（一）实施分类指导，抓住技术改造的本质规律

一是培育工程技术服务力量。认定省级智能化改造工程服务公司110家，认定一批市级、县级的智能化改造工程服务公司，采用市场化的办法，引导工程服务公司为企业改造升级提供技术服务。**二是实施分行业智能化改造。**在全省支持10个县市聚焦重点行业开展智能化技术改造，取得成功后，在行业内推广。目前已在汽摩配、轴承等块状行业，组织实施了54个“机器换人”和智能化改造分行业试点示范，形成了一批块状行业整体改造提升的成功案例。**三是开展智能化改造诊断咨询服务。**在试点基础上启动实施万企智能化改造诊断计划，目前已落实23个工业大县率先开展智能化改造咨询诊断工作。通过政府购买服务，为企业提供智能化改造的诊断咨询和方案设计，帮助企业找准智能化改造的实施重点。

（二）狠抓典型示范，激发技术改造的内在动力

一是组织实施百项智能化改造示范项目。每年在全省遴选确定100个左右的项目确定为省级智能化改造示范项目，2018年实施124项，2019年实施137项，对列入示范的项目，地方在专项资金安排上给予倾斜，并落实各市、县同步实施一批当地的示范项目，以示范项目带动其他企业实施技术改造。**二是组织现场会进行推广。**每年组织召开10场左右的智能化改造专题现场会，落实省、市、县三级每年举办百场行业或区域现场会。通过让同行业企业实地参观示范项目的生

产线、现场听取工程服务公司、示范项目实施企业的经验介绍、先进适用装备展示等方式，打消企业的顾虑，调动企业的积极性，有力促进各行业的整体改造升级。

（三）加大政策扶持，强化对技术改造的激励引导

近年来，浙江省重点推进包括智能化改造在内的产业数字化改造提升工作，推动地方加大新兴产业培育和传统产业改造提升；每年落实 3000 亩土地指标，用于奖励工业投资和技术改造工作做得好的地区。全省各地也纷纷出台扶持政策，形成了省与地方联动支持技术改造的良好政策环境。

（四）优化机制保障，形成推进技术改造的合力

一是加强政策引导。浙江省政府围绕数字经济、智能化技术改造、“机器人+”等出台了一系列政策文件，积极引导企业开展技术改造。**二是深化实施审批制度改革**。建设企业投资项目在线审批监管平台，实现事项办理“最多跑一次”“最多 100 天”，有效激发了企业投资活力。**三是开展“亩均论英雄”改革**。通过企业分类综合评价，相应实施差别化电价、水价、排污费等措施，倒逼企业技术改造升级。2018 年全省完成 34827 家规上和 46166 家用地 5 亩以上规下工业企业综合评价，规上工业亩均税收和亩均增加值同比分别增长 9.8%和 7.3%。**四是推进工业互联网平台建设**。在全国率先打造“1+*N*”工业互联网平台体系，组建国家级 supET 工业互联网平台，实施“企业上云”三年行动计划，2018 年建设省级工业互联网平台 47 家，新增上云企业超 12 万家，打造行业云应用平台 10 个。

二、浙江省促进企业智能化技术改造的成效

（一）推动制造业高质量发展态势逐步形成

2018 年，浙江省规上工业增加值同比增长 7.3%，比年度目标高 0.3 个百分点，比全国高 1.1 个百分点，比东部地区高 1.7 个百分点，呈现出“好于预期、高于全国、领先东部”的态势。2019 年 1—5 月，规上工业增加值同比增长 6.1%，比全国高 0.1 个百分点；利润同比增长 5.3%，比全国高 7.6 个百分点；全员劳动生产率增长 7.9%。

（二）工业投资结构明显优化

企业更加重视通过内涵式的改造实现提质增效，技术改造投资成为工业投资的主导力量。2019 年 1—5 月份全省工业投资增长 7.2%，增速高于全国 3.7 个百分点，其中制造业投资增长 13.7%，成为拉动全省投资的重要因素。企业更加注重通过软投资提高效率、提升产品品质，技术改造在工业投资中的占比达到 53.8%。

（三）劳动生产率显著提高

2013—2018 年，全省规模以上工业人均劳动生产率累计提高 63.7%，2018 年达到 22.5 万元/人，主要得益于“机器换人”和智能化改造。

（四）企业盈利能力明显增强

2013—2018 年，浙江省规上工业利润年均增长 10.4%，增速比全国高 1.8 个百分点。通过推进智能化改造，企业在减少劳动用工、节约原材料和能源消耗、优化库存管理的同时，产品质量稳定性、一致性不断提高，降成本优品质效果十分明显。

（五）就业结构矛盾得到缓解

浙江制造业长期面临普通劳动用工供给不足和大中专毕业生就业困难的结构矛盾，通过实施智能化改造，2013—2018 年，全省万元工业增加值用工人数分别下降 9%、8.6%、7.5%、7.4%、7.2%、7.6%，相当于累计弥补普通劳动用工需求缺口 350 万人。同时随着高端智能装备的应用和智能化改造工程技术服务业的快速发展，也创造了一大批新的就业岗位，有效解决了大量大中专院校毕业生的就业。

（六）智能制造基础更加坚实

智能化改造促进了浙江制造业自动化、数字化水平的提升，夯实了浙江迈向智能制造的基础。2013—2018 年，浙江工业机器人保有量由不足 5000 台，快速增长到 7.1 万台，应用总量全国领先。2018 年，主要制造行业重点企业装备数控化率、机联网率分别达到 57.9%、38.4%，处于全国领先水平。

安徽省促进技术改造工作情况

安徽省经济和信息化厅

安徽省一直将技术改造作为抓经济、抓工业的重要“法宝”，不断优化推进路径、强化投资引导、突出项目支撑，制造强省、民营经济等政策措施综合发力，大规模实施新一轮技术改造行动。2018 年，全省技改投资同比增长 34.6%，其中制造业技改投资同比增长 36%。

一、安徽省促进企业技术改造的做法

（一）明确推进路径

安徽省连续出台了《加快调结构转方式促升级行动计划》等重要文件，指导技术改造工作。省经信厅出台了《大规模实施新一轮技术改造推进方案》，聚焦“7+5”（新一代电子信息、高端装备、智能家电、新能源汽车、新材料、节能环保、生物医药和高性能医疗器械七个高端制造业，冶金、化工、建材、纺织、食品加工五个传统产业）产业体系，实施“1+5”（工业强基、高端制造、智能制造、绿色制造、精品制造、服务型制造）工程，科学规划每个产业在每个领域的重点路径、重点企业、重点项目、重点区域，并绘制多方位的推进路径关联度图谱。近年又印发了《关于实施高水平技术改造升级推动制造业高质量发展的通知》等文件，不断优化技术改造的总体思路、目标任务、发展重点和保障措施。

（二）强化政策支持

2017 年，安徽省召开大规模、高规格的制造强省万人大会，出台了《支持制造强省建设若干政策》，重点支持高端、智能、绿色、精品、服务五大制造。之后又连续出台了《支持中国声谷建设若干政策》《大力促进民营经济发展的若干意见》等重要文件，包含大量直接或间接支持技术改造的条款。

（三）实施新型制造

一是实施工业强基。开展安徽省工业强基路径研究，对“7+5”产业的“四基”进行全景分析，并在全省技术改造现场会上进行宣贯。**二是布局高端制造。**每年培育认定100个省级企业技术中心、30个省技术创新示范企业，开展制造业创新中心建设，着力弥补创新短板。**三是发力智能制造。**在“点”上，每年300家以上重点制造企业推广应用3000台以上工业机器人；在“线”上，每年建设数字化车间100个；在“面”上，每年建设智能工厂20家。**四是加快绿色制造。**深入开展节能环保专项行动，加快构建绿色制造体系。**五是实施精品制造。**大力实施增品种、提品质、创品牌“三品”战略和“安徽工业精品培育行动计划”。**六是推进服务型制造。**印发了《安徽省发展服务型制造专项行动推进方案（2017—2020年）》，积极培育网络化协同制造、个性化定制等新业态、新模式。

（四）推进项目建设

每年更新印发安徽省工业项目投资导向计划，引导支持各地优化投资结构，提高投资质量和效益。《安徽省 2019 年工业项目投资导向计划》共收录项目8023项，其中工业转型升级技术改造项目3094项，技改投资额占导向计划总投资的68.7%。不断完善项目调度机制，对亿元以上导向计划项目按月进行调度，开展跟踪服务，分析存在问题，帮助协调解决。建立10亿元以上重大项目台账，省、市、县、企业指定专人负责，保持经常性对接，综合运用日常调度、专项调度、通报督查等手段，确保项目顺利实施。同时，向各金融机构集中推荐一批技术水平高、带动能力强、市场前景好的转型升级重点项目，并在互通信息、精准合作、多层对接、政策支持等多方面、多层次达成共识。

（五）创优投资环境

省政府印发《关于创优“四最”营商环境的意见》，持续推进简政放权。深化投资审批制度改革，坚持非禁即准，进一步放开市场准入，坚持企业投资项目核准范围最小化和最大限度下放核准权限。除纳入《安徽省地方政府核准的投资项目目录》的项目和国家、省有关产业政策规定需省级备案的项目外，技术改造领域项目原则上按照属地原则实行备案管理。按照“能快则快、能简则简”原则，努力做到时间上“缩短”、程序上“简化”、操作上“并联”，为企业提供更加便捷高效的服务。目前，省级核准备案项目全部通过投资项目在线审批监管平台办理，实现“网上受理、并联办理、限时办结、全程监管”。开展“四送一服”（送发展理念、送支持政策、送创新项目、送生产要素，服务实体经济），推进系列惠企利企政策落地见效。

二、安徽省促进企业技术改造的成效

（一）工业投资和技改投资增长显著

2017 年，安徽省完成工业投资 12943.5 亿元，同比增长 12.7%，其中完成技改投资 7352.9 亿元，同比增长 18%，技改投资占工业投资的比重 56.8%。2018 年，全省工业投资同比增长 24.8%，技改投资同比增长 34.6%，分别高于上年同期 12.1 个百分点和 16.6 个百分点，增速创 2012 年以来新高。其中，制造业工业和技改投资同比分别增长 33.3%和 36%。

（二）工业经济实现突破性增长

全省实施亿元以上重点技改项目 1162 项，其中 10 亿元以上重大项目 118 项。在技术改造的助推和引领下，安徽省工业经济呈现“稳中有进、质效双升”的良好态势，2018 年全省规模以上工业增加值同比增长 9.3%，创近四年同期新高；规模以上工业实现利润 2448.2 亿元，同比增长 27.8%，增速创近七年同期新高。

湖南省促进技术改造工作情况

湖南省工业和信息化厅

湖南省按照国务院关于加强企业技术改造工作的总体要求，将技术改造作为推进工业转型升级和制造强省建设的主要手段，持续培育发展新技术、新业态、新模式，实现了技术改造投资的持续增长。2018 年，湖南省工业技术改造投资增长 38.1%，增速比当年工业投资、全社会固定资产投资分别高出 5.7 个百分点与 28.1 个百分点。

一、湖南省促进企业技术改造的做法

（一）持续推进工业新兴优势产业链，打造技改增长新引擎

一是进一步突出发展重点。努力将工程机械、轨道交通装备、中小航空发动机打造成为具有国际影响力的世界级产业集群，将电子信息、新材料打造成为国家级产业集群。引导各市州、重点园区根据产业定位大力引进龙头企业和重点项目，支持重点企业进一步明确主攻方向。**二是进一步突破技术瓶颈**。围绕工业新兴优势产业链，再认定一批省级制造业创新中心，再培育 1～2 家有实力竞争国家制造业创新中心的实体。提出关键零部件、关键原材料和核心技术等目录清单，组织企业和高等院校、科研院所等攻克一批关键共性技术，开发一批新产品，制定一批新标准。**三是进一步拓展产业范围**。抢抓国家大力发展 5G 技术及应用、人工智能、安全可靠计算机等产业难得机遇，引进全球行业巨头、央企集团、国内行业领军企业来湘发展下一代信息技术，跟上全球信息化发展步伐。

（二）持续推进重大工业项目建设，汇聚技改增长新动能

一是抓项目落地和达产达效。重点抓长三角经贸合作洽谈周等签约项目的落地实施，抓前四批制造强省重点项目和 110 个重大产品创新项目情况跟踪调度和服务协调，推动伟创力二期等项目尽快竣工投产。**二是抓项目开发和项目引进**。

再发布一批制造强省建设和百个重大产品创新项目，对照工业新兴优势产业链龙头企业名录和强链、延链、补链目录清单，聚焦500强企业，再引进一批重点企业和重点项目。**三是抓园区产业特色**。努力把长株潭衡建设打造成制造业高质量发展示范区。进一步明确园区产业发展主责，引导园区形成优势和品牌。充分发挥省中小企业公共服务平台体系作用，完善专业化服务体系，创建一批国家级服务型制造业示范企业、示范项目和示范平台。

（三）持续推动大中小企业融通发展，培育技改增长新主体

一是大力引进和培育大企业大集团。力争每年有一批大企业大集团迈向100亿元、500亿元、800亿元乃至1000亿元台阶。积极对接500强企业，着力引进国际巨头和央企集团在湘建设重大产业项目。**二是大力培育规模工业企业**。充分发挥“工信云”作用，摸清现有1.5万家规模工业企业家底。对1000～2000万元规模工业企业培育对象进行入库管理，力争全年新培育1000家以上规模工业企业。**三是推动中小企业“专精特新”发展**。开展制造业单项冠军企业培育提升专项行动，再培育300家左右小巨人企业，打造一批单项冠军、隐形冠军。实施中小企业“上云”专项行动，丰富云平台和云服务机构云上应用产品。**四是缓解中小企业融资难融资贵问题**。强化湖南省产融信息对接服务平台功能。对“白名单”企业实施动态管理，及时新增合规企业、坚决清理违规企业。

（四）持续推动数字经济发展带动传统产业升级，赋予技术改造新内涵

一是抓数字经济发展。大力支持人工智能、云计算、大数据等新技术、新产业推广应用。2019年计划培育和推广20个工业互联网平台。推动大企业“双创”，培育基于工业互联网平台的制造业“双创”模式。**二是突出智能制造主题**。深入推进互联网与制造业融合发展，尽快出台实施细则。大力推广两化融合管理体系贯标对标，在石化、有色、建材等传统制造业领域，大力实施数字化网络化智能化改造。**三是大力实施“三品”工程**。继续加大对湘酒、湘瓷、湘药、湘纺等产业支持力度，提高品质、打造品牌、形成优势。鼓励支持冶金、有色、化工等原材料产业研发新品、打造精品。**四是狠抓绿色制造**。巩固“三去一降一补”成果，依法依规推动落后产能退出，坚决防止“地条钢”死灰复燃。

（五）持续推进基地（园区）建设，夯实技改重大支撑平台

一是开展进一步支持基地（园区）建设政策研究。对创建工作优异的基地（园区）进行奖补，引导基地（园区）大力发展工业新兴优势产业链。**二是对基地创建情况进行全面系统评估。**委托第三方机构对湖南省国家级与省级新型工业化产业示范基地进行评估，根据评估结果，因地制宜打造特色产业集群。**三是积极支持省级以上工业园区公共服务平台建设。**重点支持湖南湘江新区未来智能科技发展有限公司湘江新区智能系统测试区等 20 个检验检测、技术攻关、节能环保等领域的公共服务平台，促进相关园区提升公共服务能力，促进产业集群集聚发展。

二、湖南省促进企业技术改造的成效

（一）智能化程度显著提升

湖南共认定 43 家省级智能制造示范企业、46 个省级智能制造示范车间，共有 16 家企业列入国家智能制造试点示范项目，获批国家智能制造标准化和新模式项目 27 个，3 个项目入选国家工业互联网创新工程，居中西部第一。其中，“树根互联”跻身国家三大重点工业互联网平台之一，聚集和服务企业 100 多家，涉及 61 个细分行业，连接资产超 4300 亿元。截至目前，累计有近 14 万家中小企业完成“上云上平台”，其中 2019 年一季度，有 2.7 万家中小企业“上云上平台”。

（二）创新能力大幅增强

2018 年共遴选实施 110 个重大产品创新项目，已有 26 个项目竣工投产，投产的项目累计完成投资 54.97 亿元，突破关键技术 163 项，申请专利 759 件，获授权专利 372 件。工程机械、轨道交通、电子信息、新材料等优势产业发展瓶颈有效破解，先后研发出世界最高时速的米轨动车组、世界首辆超级电容 100%低地板有轨电车等高端产品，电力机车全球市场占有率世界第一（超过 20%），产业竞争力进一步提升。

（三）绿色化发展成效显著

2018 年全省共 16 家单位获批国家绿色制造示范单位，其中华菱湘钢等 14 家企业获批国家绿色工厂，46 家企业被评估认定为省级绿色工厂。中联重科等 6 个项目获得国家绿色制造系统集成项目支持，项目数和资金额度均居全国前列。目前已有 98 家企业、10 家工业园区纳入 2019 年省级绿色制造示范单位创建计划。2019 年 1—5 月，六大高耗能行业增加值仅增长 3.9%，占比为 29.5%，同比回落 0.7 个百分点。

广东省促进技术改造工作情况

广东省工业和信息化厅

近年来，广东省深入贯彻落实国家新一轮重大技术改造升级工程，紧紧围绕制造业高质量发展目标，以智能制造为主攻方向，大力推进产业数字化，推动企业实施智能化技术改造。2018 年，完成工业技术改造投资 8748.59 亿元，同比增长 0.8%，技术改造占工业投资比重为 40.68%。

一、广东省促进企业技术改造的做法

（一）以新旧动能转换激发智能化改造活力

启动新一轮工业技改三年行动计划，引导 8816 家工业企业开展技改，推动 3000 家企业“上云上平台”实施数字化改造。扶持机器人产业发展，2018 年全年工业机器人产量 3.2 万台（套），增长 28.3%，占全国产量约 22%；新增机器人应用 2.2 万台（套），累计应用 10.2 万台（套）。培育新能源汽车产业发展，全年新能源汽车产量增长 2 倍。

（二）持续优化企业技术改造的发展环境

出台《广东省降低制造业企业支持实体经济发展若干政策措施（修订版）》《促进民营经济高质量发展的若干政策措施》，以及“工业投资行动计划”等，在税收、用地、用电、融资等方面为实体经济、民营经济发展提供全力支持，增强了企业开展智能化技术改造的信心。“实体经济十条”出台以来，已累计为企业减负超过 1500 亿元。

（三）强化企业技术改造的内生动力

举办了中国制造业创新大会。建设国家印刷及柔性显示创新中心，成为全国 10 家国家级制造业创新中心之一，筹建 15 家省级制造业创新中心。新认定 214

家省级企业技术中心。建设 36 个省智能制造公共技术支撑平台，培育国家级、省级智能制造试点示范项目共 258 个。

（四）狠抓技术改造重大项目落地建设

对湛江中科炼化、揭阳中委广东石化等重大工业项目实施省市县三级跟踪服务，收集并协调解决企业诉求事项 97 项。实施珠西产业带聚焦攻坚行动计划，重点支持先进装备项目招商引资、落地建设和创新发展，全年新引进、新开工、新投产投资额亿元以上项目分别为 322 个、231 个、158 个。珠海欧比特卫星科技、肇庆小鹏新能源乘用车等项目新开工；梅州智能家电产业园、韶关“华南数谷”云计算中心等项目建设加快推进；汕尾信利半导体、清远欧派家居等项目建成投产。

（五）推动技术改造企业载体高质量发展

落实“一核一带一区”区域发展战略，推动省产业园提质增效发展，74 个园区纳入《中国开发区审核公告目录（2018 年版）》。鼓励企业在产业转移同时进行智能化技术改造升级，2018 年共有 260 个亿元以上工业项目落户共建产业园。2018 年省产业园规上工业增加值增长 7.7%；全口径税收增长 13.3%。

（六）持续推进企业绿色化改造发展

实施能源消费总量和强度“双控”，认真落实蓝天保卫战和水污染防治攻坚战部署。以智能化改造推动企业绿色转型升级，加快构建绿色制造体系，累计创建 96 家绿色工厂、225 种绿色设计产品、2 个绿色园区、9 个绿色供应链。新增省循环化改造试点园区 22 家，省级以上园区开展循环化改造的比例达 73.5%。

二、广东省促进企业技术改造的成效

技术改造升级为广东工业经济高质量发展提供了有力支持和坚实的基础。2018 年，广东规模以上工业增加值增长 6.3%，比全国高 0.1 个百分点。软件和信息服务业收入增长 12.2%，民营经济增加值增长 7.3%。规模以上工业增加值、规模以上工业企业数、电子信息产业销售产值、软件和信息服务业收入、集成电路产量，以及信息基础设施建设指数、大数据发展指数、数字经济发展指数、互联网发展综合指数等均居全国第一。

一是创新引领工业发展动力提升。2018 年全年先进制造业、高技术制造业增加值占规上工业比重分别为 56.4%、31.5%，比上年分别提高 1.4 个百分点、1.2 个百分点。**二是工业发展协调性增强。**主营业务收入超百亿元企业达 273 家、新增 13 家。产业园区成为粤东西北工业增长主引擎，园区工业占粤东粤西粤北地区比重总体超过 30%。**三是绿色发展形态扩大。**单位 GDP 能耗、单位工业增加值能耗继续保持全国领先水平，国家级绿色制造示范数量居全国前列。**四是工业开放步伐不断加快。**巴斯夫新型一体化石化基地、埃克森美孚石油化工综合体项目等一批投资百亿美元的外资高端制造业项目落户广东，尤其是巴斯夫项目成为我国重化工行业外商独资企业“第一例”。

四川省促进技术改造工作情况

四川省经济和信息化厅

四川省聚焦“5+1”现代产业体系构建，坚持把技术改造工作作为促进产业结构优化、发展质量提升、增长动力转换的重要抓手，全力以赴抓项目、促投资、优服务。2018 年，技术改造投资同比增长 10.2%，占工业投资比重达 70.5%，连续三年保持两位数增长，为全省经济稳增长、调结构、促转型、增后劲提供了有力支撑。

一、四川省促进企业技术改造的做法

（一）坚持以目标为导向，突出抓好技术改造投资促进

一是强化投资引导。编制《四川省“十三五”技术改造指导意见》，围绕产业发展重点领域、关键环节，实施产品换代、智能制造、绿色制造等十大工程，强化企业投资导向，推动产业增长方式转变。**二是强化目标导向。**将工业投资和技改投资增速纳入对市州政府的考核目标，层层压紧压实责任，确保目标细化到岗位、分解到项目，确保任务顺利完成。**三是强化机制推进。**建立完善省领导联系指导重点产业工作推进机制，成立省领导挂帅的 16 个重点领域产业培育工作专班，充分发挥产业推进机制对创新生成项目、协调推进项目、保障投产项目的突出作用。**四是强化督查督导。**加强投资运行监测分析预判、项目推进协调服务和投资进度督查督导，对发现的问题，及时做好工作指导和督促落实整改。

（二）坚持以重大项目支撑，着力增强投资动能

一是深入实施“项目年”活动。省委省政府连续三年实施“项目年”活动，每年组织 500 个重点工业及技改项目予以重点推进。连续三年组织四川省重大工业和技术改造项目集中开工，累计举办集中开工超过 200 场，开工项目超过 4000 个。**二是推动“四个一批”项目实施。**结合项目工作实际，进一步完善重点项目

推进机制，通过建立项目台账、倒排工期、挂图作战、专项协调等多种形式，推动重点项目早开工快建设。**三是完善重大项目推进机制**。构建重点项目省领导联系、市州主体推进、部门协调推进的工作格局。每年遴选 56 个省领导联系的重大产业项目、100 个以上的省政府重点产业项目，纳入全省重点推进范围，有力加快重点项目实施进度。

（三）坚持落实地方主体责任，不断创新投资促进方式

组织多次项目现场会，强化基层业务培训，开展市（州）互动交流学习，创新工业发展资金安排方式，实行资金安排与工业和技术改造投资、重点项目推动、项目投资规模“双挂钩”模式；每年安排技术改造前期工作经费，激发地方创新生成项目、着力推动项目、协调加快项目的积极性。成都、德阳、绵阳、泸州、南充、遂宁等重点工业市（州）坚持“一把手抓、抓一把手”的推进机制，开展投资和项目竞进拉练，组织对项目建设“每月一通报、双月一拉练、半年一测评、年底晒成效”，探索组建新经济局、“零地”技改项目承诺备案等新做法、新举措，形成投资促进和项目推进“赶超比拼”的工作氛围。

（四）坚持营造良好发展环境，有力激发投资活力

推动制定出台《四川省企业投资项目核准和备案管理办法》，下发《关于进一步推进“放管服”改革切实加强技术改造项目事中事后监管的通知》，大力推进“备案不见面”“最多跑一次”等改革举措，全面加强技术改造项目事中事后监管服务，“放管服”改革全面贯彻落实，投资促进和重点项目实施服务机制进一步优化完善。四川省成功列入工信部“投贷补”试点省（市），推荐 56 个重点技术改造项目纳入工信部企业技术改造升级导向计划。充分发挥省重大产业项目协调推进办公室作用，创新优化重点项目“服务绿卡”“项目秘书”等服务机制，“绿色通道”“直通车服务”高效运转，“直购电”“留存电”等保障措施持续完善，影响重点项目竣工达产“最后一公里”问题加速破解。

二、四川省促进企业技术改造的成效

（一）投资增幅创新高，投资规模不断提升

2017 年全省技术改造投资同比增长 16.2%，占工业投资比重达 76.1%，增幅创 5 年来新高；2018 年技术改造投资同比增长 10.2%，占工业投资比重达 70.5%，连续三年保持两位数增长，均顺利完成省委省政府工作目标，投资规模位居全国第六、稳居西部第一。

（二）投资向制造业集聚，投资结构持续优化

先进制造业领域技改投资增长迅速。2018 年制造业技改投资同比增长 6.7%，占技改投资比重达 69.8%，41 个工业大类行业中，22 个行业技改投资保持正增长。其中铁路传播航空航天和其他运输设备制造业、计算机通信和其他电子设备制造业、电气机械和器材制造业技改投资同比增长 136.6%、52.3%和 37.4%。2018 年技改投资负增长行业主要集中在化学原料和化学制品制造业、黑色金属冶炼和压延加工业、非金属矿物制品业等产业，过剩和高耗能产业得到抑制。

（三）“项目年”成效显著，大项目好项目增多

全省工业领域一大批围绕传统产业转型发展、新兴产业跨越发展、新旧动能接续转换的“标志性”“一条龙”和“示范性”技术改造项目签约落地和加快实施，项目质量更高、平均投资规模更大。两年来，全省累计实施技术改造项目 18975 个，计划总投资 2.3 万亿元，其中新开工技术改造项目 11051 个，计划总投资 1.03 万亿元。

陕西省促进技术改造工作情况

陕西省工业和信息化厅

陕西省将技术改造作为推动工业经济结构调整和转型发展的重要途径，坚持将其作为工业调结构、转方式的重要手段，采取有力措施，加大工作力度，推动工业转型升级。2018 年，工业企业完成技改投资同比增长 1.7%，占全省工业固定资产投资的比重为 13.3%。

一、陕西省促进企业技术改造的做法

（一）强化顶层设计

印发实施了《关于开展新一轮企业技术改造的实施意见》，以扩大先进产能、支持科技成果产业化、推广智能制造、加快设备更新等为主要任务，在传统产业开展技术改造，明确工作目标和重点方向，推动企业装备升级、技术升级、产品升级。实施技术改造考核激励措施，印发了《陕西省企业技术改造奖励实施办法》，对技改工作成绩突出的市、县政府实施奖励，并将奖励资金全部用于企业技改项目建设。制定印发了《工业产业资金项目绩效管理办法》和《工业产业资金项目验收管理办法》，对年度财政资金支持项目进行现场检查和绩效评价，形成年度资金项目绩效评价报告。

（二）抓好项目建设

积极开展项目跟踪服务，每年确定 200 个以上总投资超过 1000 亿元的重点技改项目，建立目标责任制度，按行业、区域开展项目跟踪服务，逐级分解落实责任，省市县合力推进项目建设和年度投资计划落实，及时协调解决项目建设中存在的问题。2017 年以来，累计跟踪服务省级重点技改项目 736 个，总投资 9619 亿元。加大财政资金支持，集中力量办大事，省级支持 525 个技改项目，带动社会投资达到 1563 亿元。

（三）做好示范引领

大力推动新一代信息技术与制造业融合发展，指导有条件的企业率先开展两化融合贯标，目前已有 59 户企业通过国家认证。开展智能制造试点示范，陕鼓等 14 家企业获得国家智能制造试点示范，认定宝鸡机床、建工金牛等 40 户省级智能制造示范企业。加快推动绿色制造体系建设，法士特等 15 个项目获国家绿色制造系统集成项目支持，13 户企业入选国家级绿色示范工厂，陕西航天经开区和榆林经开区跻身国家级绿色园区。支持省级绿色制造示范项目 27 个。

（四）建立工业产业基金支持产业发展

为促进工业发展，设立了技术改造、军民融合、高端装备、集成电路、新材料、大数据、医药 7 支工业产业投资基金，已全部正式运营。按照“政府引导、市场运作、扶持产业、滚动使用”的原则，引导支持食品、轻纺、冶金、建材、化工等传统产业改造升级。基金采取市场化运作模式，由专门的基金管理公司运营管理，已全面开展项目投资。目前 7 支产业基金已投资项目总数达 160 多个，基金投入有效促进了工业产业发展。

二、陕西省促进企业技术改造的成效

（一）产业结构进一步优化

2017 年以来，在各项政策措施的共同作用下，陕西省工业企业的装备水平和技术工艺不断提高，发展质量不断增强。2018 年，全省规模以上制造业完成工业总产值 17786.7 亿元，占全省工业比重 71%，较 2015 年提高了 3 个百分点；装备、电子等新的支柱产业占比超过 20%。工业企业全员劳动生产率从 2016 年的增长 4.7%提升至 2018 年增长 9%以上，生产效率不断提高。规上工业单位增加值能耗累计下降 9.2%，可持续发展能力进一步增强，企业效益进一步增强，2018 年全省规模以上工业企业实现主营业务收入 23060 亿元，同比增长 12%，实现利润 2436 亿元，增长 17.1%，总量和增速均创近年来最好水平。

（二）企业装备和技术水平不断提升

围绕打造现代化工、汽车、航空航天和高端装备制造、新一代信息技术、新材料、医药六大新支柱产业，鼓励支持企业智能化改造升级，积极推广应用新技术，不断提升装备水平和产品质量，形成一批在行业有影响的企业和产品。如陕汽集团通过实施千亿陕汽整体提升项目，装备和工艺水平得到全面提升，产业规模进一步扩大，成为中国重卡行业的引领者；西北有色研究院贵金属催化剂、西安宏星浆料科技有限公司高端电子浆料等技改项目的实施，促进了行业进步，研制的产品填补了国内空白等。

（三）企业节能环保水平和创新能力进一步提升

企业通过改造升级，加快淘汰落后产能，节能环保水平明显提升。2017 年以来，累计淘汰落后产能 808 万吨、98 万重量箱、12.35 万立方米，涉及企业 65 户，全省单位工业增加值能耗累计下降 12.26%。企业研发经费投入持续增长，投入强度高于全国平均水平，国家级企业技术中心已有 27 家，省级企业技术中心达 325 家，开发的新产品中有 100 余项达到国际先进水平。

青岛市促进技术改造工作情况

青岛市工业和信息化局

青岛市聚焦存量工业改造升级，制定实施技术改造三年提升行动指南，引导企业不断扩大技术改造投入，带动全市工业技术改造投资始终保持较快增长，工业投资结构持续优化。2018 年，全市工业技术改造投资同比增长 22.6%，高于同期全市工业投资增速 15.2 个百分点、全省工业技术改造投资增速 13 个百分点。

一、青岛市促进企业技术改造的做法

（一）抓实抓细重点技术改造项目，着力增强工业发展后劲

突出智能、优质、精品、绿色、安全、服务型制造升级导向，每年滚动推进技术改造项目 200 个以上，重点抓好 100 个左右投资额过 5000 万元的技术水平高、预期效益好、带动作用强的重大技术改造项目。建立完善技术改造“双百”（百户重点企业、百个重大技术改造项目）跟踪服务体系，务实开展“技术改造企业走访服务年”等活动，深入技术改造项目现场，加强政策对接、融资服务、土地供给及其他资源要素保障，推动项目及早投产达效。海尔“无人工厂”、青特“国内最大砂箱尺寸静压自动造型线、闭环技术螺旋锥齿轮生产线及智能驱动桥生产线”等重大技术改造项目，引领全市企业技术改造走向深入。

（二）用足用好财政政策，着力发挥资金引导和放大作用

针对融资环境趋紧导致原有贴息政策门槛提高、覆盖面变窄的问题，及时推出覆盖面更广、普惠性更强、指向更明确、操作更便捷的技术改造综合奖补政策。综合奖补政策与企业设备投资额和新增财政贡献挂钩，不限定行业，对内外资一视同仁，突出设备、强调贡献、侧重事后、简单易行，最大限度地减少自由裁量权。2018 年，首次实施综合奖补政策，对海尔、海信、双星、青特等 69 家规模以上制造业企业进行奖补，并有效促进了企业“小升规”，激励了企业加快设备

升级改造。2019 年，设备奖补比例从 8%提高到 16%，奖补标准从最高 300 万元提高至 600 万元，技术改造综合奖补力度“倍增”。

（三）创新拓展政策、融资和技术服务，着力弥补企业短板

常态化开展“技术改造政策进基层”活动，深入区市精准面向 1000 余户企业提供实战化、针对性指导服务，提高政策可及性及知晓面。本着“促成一笔贷款就是稳定一家企业”的理念，创新开展政银企融资对接服务，促成 100 余个技术改造项目获得“技改贷”45 亿元，协调青岛农商银行专门发布“设备升级专享贷”新产品，组织百余家企业与银行进行点对点对接，精准服务企业设备融资，促进财政、金融政策同向协同发力。突出“让工厂智能引领改造升级”主题，强化专家诊断咨询服务、规划设计系统集成等专业机构智力支持，举办智能化改造服务对接会，精准对接企业 120 余家，引导企业借力外脑提高数字化、网络化、智能化改造水平。

（四）加大“放管服”改革力度，着力激发企业投资活力

取消技术改造项目备案前置条件，实现项目备案在线平台全程网络快速办理，企业足不出户即可在线提报申请材料、查询办理状态并获取办理结果。2018 年，全市企业技术改造项目备案数量和计划投资额同比分别增长 17.8%、13.7%。加大简政放权力度，陆续向平度市、西海岸新区下放了技术改造项目核准备案权限，并启动向其余区市下放计划投资 5000 万元以上项目备案权限的工作。统筹推进“零增地”技术改造项目审批方式改革，简化完善承诺事项及环评手续，提供一站式办理指南，在全省办理首个“零增地”技术改造项目承诺书，切实为企业投资减负松绑。

二、青岛市促进企业技术改造的成效

（一）工业经济发展效益得到提高

2018 年，全市规模以上工业增加值同比增长 6.8%，比全国高 0.6 个百分点，比东部地区高 1.8 个百分点；规模以上工业产销率达到 99.9%，规模以上工业利

润增长 6%，规模以上工业出口交货值增长 8.0%，比上年提高 3.2 个百分点；“新产品”产量快速增长，全年生产工业机器人 2288 套、增长 59.4%，城市轨道车辆 1538 辆，增长 20.5%，新能源汽车 9.2 万辆、增长 14.4%。

（二）数字技术和制造业加速融合

连续举办 5 届世界工业互联网产业大会，逐步形成领军企业输出、示范梯队跟进、业态创新突出的有青岛特色的工业互联网发展模式，已有森麒麟等 12 家国家智能制造试点示范企业，德盛机械等 13 家省级智能制造试点示范企业，海尔、海信、中车四方股份等企业的 15 个项目获得国家智能制造综合标准化与新模式应用专项支持，累计认定 8 个工业互联网平台、19 个智能（互联）工厂、65 个数字车间和 166 个自动化生产线，覆盖全市优势产业链。

（三）质量品牌优势持续扩大

通过装备的高端化、生产智能化，不断增加智能化、个性化产品供给，全面提升供给质量和效率，“品牌之都、工匠之城”的名片更加闪亮，海尔、海信、青啤、澳柯玛、双星等为代表的一批品牌，引领全市产业层次快速提级、升值，青岛制造业品牌正成为中国品牌矩阵的重要力量。联手阿里巴巴打造的“青岛品牌电商日”成功举办，海尔、海信、青啤、澳柯玛、双星“五朵金花”领衔，青食、沃隆、崂矿等众多新兴品牌集体亮相，大规模地在电商平台集中推介本地优质产品，得到广大消费者的肯定，共实现销售额 3.1 亿元。

第二部分

企　业　篇

山东盛瑞传动攻克 8 档自动变速器关键技术

山东盛瑞传动股份有限公司

一、企业基本情况

盛瑞传动股份有限公司（以下简称盛瑞）成立于 2003 年，拥有员工 2200 余人。公司总部位于潍坊（国家级）高新区，主要从事汽车自动变速器、重型柴油机零部件的研发制造，是国内汽车 AT 自动变速器科研制造领域的领军企业，同时也是国内知名的重型柴油机零部件骨干制造商。公司是高新技术企业、国家技术创新示范企业、国家智能制造试点示范企业、国际科技合作基地。拥有国家认定企业技术中心及行业唯一的国家乘用车自动变速器工程技术研究中心，是国内首个汽车 AT 自动变速器产业技术创新战略联盟理事长单位。

二、企业技术改造情况

盛瑞承担的国家产业振兴和技术改造项目“年产 30 万台 8 档自动变速器项目”，建成了年产 30 万台 8 档自动变速器装配生产线、测试生产线、通信与数据管理系统等内容。重点攻关基于 8AT 关键特性的零部件检测技术、满足 8AT 清洁度标准的清洗技术、变速器分总成及总成的在线装配技术（主要包括自动装配技术、柔性装配技术、智能装配技术），以及变速器性能测试技术（主要包括变速器总成下线性能测试技术、NVH 测试技术、多品种柔性化测试技术）。

三、取得的成效

盛瑞依托“年产 30 万台 8 档自动变速器项目”，取得了众多科技成果。

智能柔性装配技术应用填补了国内 P2 混动变速器柔性制造关键技术的空白。通过混动变速器装备柔性制造短板装备及相关智能柔性技术的应用，解决了强磁环境下电机装配、多机型混线生产等关键技术问题。

通过计算机视觉技术实现了涂胶线智能检测和机器人模糊抓取。将 3D 照相技术、联动协作技术、力监测技术等先进技术集成使用，让机器人完成复杂装配工艺，保证装配质量，提高设备稳定性，降低人力消耗。可实现技术指标为可兼容工件定位误差范围±3mm，可实现最大偏移角度 10°，高于行业平均水平。

通过最新的人工智能技术实现 NVH 合格性智能判定。利用机器自学习功能进行异响判定。合理优化同步分离信号分布，提升系统计算效率。针对不同的档位及实际的噪音表现，对不同的档位进行定转速工况或升降速工况的合理分配，以针对不同的故障形式。

项目总体技术水平已达到国内汽车自动变速器行业领先水平，极大地提升了我国汽车零部件关键技术的国际地位，在推动我国汽车产业由大到强的进程中具有重要的战略意义。

湖南株洲时代攻克风力发电机组核心技术

株洲时代新材料科技股份有限公司

一、企业基本情况

株洲时代新材料科技股份有限公司（以下简称株洲时代）是中国中车旗下株洲电力机车研究所有限公司控股的A股上市企业，国家火炬计划重点高新技术企业，是中国中车的新材料产业平台，拥有“国家认定企业技术中心”“企业博士后科研工作站”“国家地方联合工程研究中心”等国家级技术创新平台。目前，公司已成为全国第一、全球前15强的非轮胎橡胶制品生产商。2017年销售收入超过110亿元。

株洲时代以高分子材料技术为基础，主要从事减振降噪、轻量化等高分子材料的研究开发及工程化应用。公司从2007年开始进军风电产业，建设了我国中部地区最大的大型风电叶片研发和生产基地，形成了一套完整的风电叶片技术研发体系，成为国内少数几家形成独立研发体系的风电叶片企业。

二、企业技术改造情况

株洲时代根据在风电叶片领域的成功开发经验和深厚技术积累，对3.0MW以上系列叶片进行研发及产业化。项目预计总投资12180万元，发挥产学研合作优势，以3MW级大型风力发电机组主流机型为研究对象，攻克设计、工艺生产和产业化核心技术。新增主要工艺设备297台/套，建设10条3.0MW及以上规格叶片生产线，形成550套/年的叶片产能，并在栗雨工业园58区新建了一套5MW级、75m及以下的叶片试验平台。

三、取得的成效

成功研发 S72 海上叶片。72 米海陆两用风力发电叶片是基于陆上 3.0 平台和海上 4.0 平台开发的一款海陆通用新型叶片，可同时匹配和兼容陆地 3.0MW、3.45MW 与海上 4.0MW 平台机组。年发电量相较于传统的风电叶片可提升 1%。

成功研发 TMT71.5 叶片。该叶片采用低尖速比技术，留有充足的结构安全余量，可同时兼顾 3.0MW ~ 4.0MW 不同额定功率风机的需求。可以适应高负剪切的山地风场，即使在极其恶劣的风场，也能保证充足的净空余量。

成功研发 TMT64.5 叶片。该叶片经过国际权威机构 DNV-GL 全方位的严格测试、审查和评估后，获得该机构颁发的型式认证证书。该系列叶片已经在国内风场挂机运行，运行情况良好，该证书的获得，为出口项目奠定了基础。

北京福田康明斯发动机生产线智能改造

北京福田康明斯发动机有限公司

一、企业基本情况

北京福田康明斯发动机有限公司成立于 2007 年，由全球领先的动力设备制造商康明斯公司与中国商用车制造商北汽福田汽车股份有限公司各投资 50%合资组建。公司厂区占地面积 28 万平方米，总投资 49 亿元人民币，设计产能 52 万台，员工总人数逾 1600 人。主营业务为生产和销售柴油发动机及其零配件。公司的 ISF 轻型工厂和 X 重型工厂，拥有按照世界领先的技术标准和质量控制标准设计的发动机制造系统。

截至 2018 年 12 月，公司累计产销柴油发动机 127 万台，累计产值逾 430 亿元，累计上缴税收达 26 亿元。其中，2018 年产销柴油发动机近 24 万台，实现产值 84 亿元，上缴税收 4.7 亿元，利润总额 11 亿元。据中国内燃机工业协会数据统计，公司 F 系列产品近年销量位居全国前三，据企业内部核算细分市场占有率，F 系列产品在 2.5T、3T&4T 占有率稳稳占据行业第一。

二、企业技术改造情况

福田康明斯发动机智能化改造项目投资 1.3 亿元，对现有发动机生产线进行技术改造，构建智能加工中心和生产线，建立质量失效全过程探测体系，建立智能化物流运输仓储系统。同时，通过升级 MES 系统，重构 ERP，并将 MES、ERP、PLM 紧密结合，使智能操作系统集成一体，加强信息管理服务，从而对生产执行过程智能化控制。实现应用智能制造、生产先进产品、打造绿色制造的总体目标。

三、取得的成效

通过集成国内外最新自动控制技术和信息技术，实现包括装配线及其相关设备等控制对象的高度集成，在关键工位实现数据自动采集与分析，对发动机装配总成进行 100%的测量判定，有力地保证了发动机产品的总成质量水平。同时，该系统配置了零部件追溯系统，能够满足发动机产品部件可追溯性，实现了从采购到生产再到销售、从供应商到工厂再到市场的全过程质量控制和追溯。

公司关键绩效指标得到大幅提升。生产效率提升 25%；营业成本较行业平均水平降低约 6%；平台级产品研发周期从行业平均 30 个月缩短至 24 个月，降低 25%；产品不良率降低至 450/百万台；单台发动机能耗降低 20%；实现了“两提升三降低”，取得了较好的经济效益。

安徽海螺建设智能水泥厂

安徽海螺集团有限责任公司

一、企业基本情况

安徽海螺集团有限责任公司（以下简称安徽海螺集团）是我国最大的建材企业集团之一，组建于 1996 年。集团控股经营海螺水泥和海螺型材两家上市公司，已连续 14 年入围中国企业 500 强，荣列 2018 年中国企业 500 强第 127 位、中国制造业企业 500 强第 46 位。水泥制造是集团的主导产业，下属海螺水泥股份有限公司，是水泥行业首家 A+H 股上市公司，目前已拥有熟料产能 2.52 亿吨、水泥产能 3.53 亿吨、骨料产能 4070 万吨，产业规模、销量和盈利能力均已进入世界前列，在业内享有“世界水泥看中国，中国水泥看海螺”的美誉。

二、企业技术改造情况

安徽海螺集团投入资金在全椒县海螺建设智能水泥厂，工厂全部采用先进的新型干法水泥工艺技术，装备先进，从矿石开采、水泥生产、包装到物流实现全程自动化、智能化控制，产量高，能耗低，代表着当今世界水泥行业最先进的水平。全椒海螺水泥一体化智能工厂建设分为智能设备、智能生产及智慧管理三个层面，具体涵盖六大模块（矿山数字化开采、专家优化控制、设备管理、质量检测控制、能源管理、智能物流）和两大系统（制造执行系统 MES、商业智能系统）。主要有以下四个特点。

一是全流程智能管控。工厂开发使用破碎机、生料窑、回转窑、自动包装机等智能生产装备，应用高端芯片、新型传感器及智能仪表，搭建水泥生产全流程智能感知网络，实现设备和产品的数据监控和采集，同时，建立矿山数字化管理系统、专家优化控制系统和制造执行系统，从矿石的开采、设备监控、水泥生产、能源使用、质量检测、存储运输等方面实现生产全过程智能化管控。

二是全设备远程运维。工厂建设了关键设备的预测性维修系统和设备管理系统，通过在生产现场部署的 156 个有线测点和 68 个无线测点，对各个设备进行实时监控并对采集站采集的振动、温度等数据进行收集、分析，实现对熟料线和水泥线的 19 台生产设备的远程预测性维护和智能管理，提高设备运行安全性和设备的运行效率。

三是全生命周期管理。工厂通过设计仿真软件的使用、智能装备的应用、一体化网络系统的建设、产品电子标签的植入等，可以监视产品在任意时刻的位置和状态，管控产品从设计、生产、包装、运输、销售的全生命周期中的信息与过程，实现产品全生命周期可追溯。

四是全系统集成协同。智能工厂通过内部网络架构的搭建和通信系统的布置，把各个独立的功能区单元接入到工厂的管理网络中，ERP 资源管理系统、MES 生产执行系统、先进控制系统和生产设备之间有机互联，实现了系统间的集成协同。

三、取得的成效

全椒海螺水泥的一体化智能工厂的建成，对内可提升人员设备效率、降低库存、提升品质，提升运行效率，指导管理决策，优化资源配置、提升效能，对外可快速反应市场需求、满足用户个性定制需求，打通用户和制造的壁垒。

具体而言，**一是提高制造过程数控化率。**水泥生产智能化系统投运率大于 90%，单机设备智能化系统投运率大于 98%。**二是提高生产效率。**人员的劳动生产率，由原来的 9430 吨水泥/（人·年）提高到 11340 吨水泥/（人·年），在原来的基础上提高了 20%以上。**三是降低运营成本。**设备故障停机率降低 20%，备件成本降低 20%，水泥生产成本减少 5.24 元/吨，年增长利润 1500 万元。

安徽华茂建设棉纺智能工厂

安徽华茂集团有限公司

一、企业基本情况

安徽华茂集团有限公司始建于 1958 年，是拥有棉花、纺纱、织造、面料、服装、无纺布等纺织产业链的大型企业集团，集团总资产过百亿，拥有参控股公司 20 多家，迄今已创造了连续 44 年盈利的业绩。安徽华茂纺织股份有限公司（简称安徽华茂）为集团控股的上市公司（股票代码：000850），2017 年 6 月，开始利用原有厂房改造建设 15 万锭智能化纺纱工厂项目，建成了目前国内领先的智能纺纱工厂。

二、企业技术改造情况

智能化纺纱工厂项目采用具有国际先进水平的从棉花到筒纱成品的智能清梳联、粗细络联、自动包装等全流程智能纺纱系统设备，通过集成 ERP、HMES（华茂制造执行系统）和 MES（能源管理系统）等多种信息化系统，搭建工厂智能信息集成平台，实现工艺在线设计、质量在线控制，能源在线监控，物流自动运输等智能化、自动化生产。深度融合 RFID 技术规模化运用和单纱质量追溯技术、质量在线分析等，搭建产品市场服务新平台。主要有以下几个特点：

（一）实现全流程质量智能追溯。采用国际先进的 RFID 技术对各半成品容器分配唯一性的 ID，实现纺纱全流程单锭质量可追溯。创新性地利用以太网技术、RFID 技术建立物联网，实现全流程纺织装备的数据采集和关键设备的远程数据写入，将工厂生产各个环节有机整合，建立机台与机台的关联、机物料与机台的关联、环境与机台的关联、能耗与机台的关联、人员与机台的关联，将智能纺工厂建成有机的整体。

（二）**实现全流程生产智能管控**。研制开发出功能完备的华茂制造执行系统（HMES）。HMES与各机台实现了全面的数据采集和关键机台的数据写入，打造了完备的数据库和数据挖掘分析功能，关键环节建立了“数据采集—分析—预警—结果反馈”的闭环监控网络，实现了车间生产“人机料法环”全面管控。与ERP系统、能源管理系统（EMS）等互联互通，实现物流、能流、价值流和设备状态“三流一态”统一管理。

三、取得的成效

通过智能化工厂建设，公司各项生产经营指标和产品性能大幅提升。项目生产效率提高33%。项目工厂每万锭用工由改造前30人降低到15人以下，工人生产效率提高50%。运营成本降低33%以上。改造前纱工费成本6564.05元/吨，改造后为4301.74元/吨，工厂运营成本下降34.47%。产品升级周期缩短50%。改造前产品升级或研发周期一般需要80小时，改造后只需40小时，缩短50%。产品不良品率降低67%。改造前产品不良率为0.3%，改造后产品不良率为0.1%，降低67%。

四川长虹空调生产流程智能改造

四川长虹空调有限公司

一、企业基本情况

四川长虹空调有限公司（以下简称长虹空调公司）是长虹于 1995 年投资 10 亿元，全套引进日本东芝和三洋的技术及设备而成立的，长虹正式进入空调领域。目前已拥有四川绵阳、广东中山和印度尼西亚三大生产基地，经营产品涉及窗机、挂机、柜机，以及单元式、VRV、户式中央空调等系列产品，年产能 450 万台，国内销售网点 1 万多家。目前，长虹空调远销美国、欧洲、俄罗斯等 60 多个国家和地区。

四川长虹空调有限公司属于国家高新技术企业、四川省企业技术中心，是 2015 年国家首批智能制造试点示范企业和工信部两化融合管理体系贯标企业四川长虹电子控股集团有限公司的子公司。长虹空调公司早在 10 年前，抓住变频、新冷媒、智能化等新技术的变革契机，依托“新一代节能型智能空调器及关键部件的产业化”等项目的开展实施，对家用、商用空调智能制造、精益生产、敏捷制造技术进行了广泛探索实践。

二、企业技术改造情况

年产 300 万套智能变频空调项目充分借鉴行业先进经验，在技改过程中结合业内新工艺技术的发展趋势和动态，以“IE（工业工程）+AT（自动化技术）+IT（信息化技术）”技术模式为依托，结合行业应用情况，推动加快智能化设备应用及生产工艺的升级迭代，提升制造能力及工艺水平。本项目创造性地将变频空调生产流程分为注塑、钣金、两器、电控、总装等智能控制单元，通过对各智能单元的控制来实现变频空调产品的智能制造。

纵向从设备层、控制层、管理层、协同层四个方面依托企业服务总线技术、分布式无线网络技术等实现各信息系统的集成，以及生产数据的采集、处理、挖掘分析、共享。横向以经过处理、挖掘的生产数据贯穿整个变频空调生产工艺流程的注塑工序、钣金工序、电控工序、两器工序、总装工序，实现空调两器、整机装配的智能化，注塑、钣金成形的自动化，智能辅助加工及检测、智能物流仓储的自动化，实现长虹变频空调的供应商协同、客户协同的智能化生产模式。

三、取得的成效

截至 2019 年 5 月，空调技改项目推进顺利，完成了信息化系统集成建设，形成相应的企业私有云，满足变频空调智能化工厂不同业务单元的对外业务扩展，并兼顾不同机器人等自动化设备、工业软件、控制系统集成应用。

形成了可快速复制的智能改造解决方案。项目通过自动化、数字化、网络化、智能化、协同化的改造，全面提升研发、设计、生产、营销等全过程的协同能力，实现研发制造的无缝衔接，从制造产品转变为数字制造，从而形成可推广可复制的方案及模式，提升整个空调行业的整体智能升级效率。

贵州兴达兴打造智能化混凝土生产运行体系

贵州兴达兴建材股份有限公司

一、企业基本情况

贵州兴达兴建材股份有限公司（以下简称兴达兴）注册资本 1062.5 万元，现有员工 260 余人。公司是专业生产混凝土精品机制砂、高性能混凝土用复合掺合料等高端新型建材产品的民营企业。公司秉持技术创新是基础、管理创新是保障、模式创新是灵魂的理念，积极推进智能制造应用，成为集生产、工程技术研究中心、砼智造平台研发于一体的新型建材业高新技术企业。

作为传统建材产业的一员，兴达兴深刻认识到传统混凝土企业在原料采购、生产过程管理、节能环保、销售管理等领域存在的弊端。通过互联网、大数据、人工智能技术的应用，打造了高性能混凝体信息化产业平台——“砼智造”。

二、企业技术改造情况

兴达兴“砼智造”平台，利用大数据、互联网、移动互联网、人工智能等技术，实现高性能混凝土流程型智能制造、大规模个性化定制和全产业链的信息互动融合，打造全产业链协同的智能化混凝土生产运行体系。

通过市场需求、供应链管理、智能生产、智能物流，尤其借助互联网大数据平台，推广全产业链智能化协同生产模式，在实现高质量、高效率微观订单管理、生产操作的同时，提升全行业信息、数据融合水平。在全行业内推行全产业链智能制造和运营模式，提升全行业资源利用效率，降低交易成本，实现产销量的智能化、实时化、市场化培植，提升全行业节能降耗水平，有效支持混凝土行业的创新和升级。

三、取得的成效

“砼智造”平台将产品研发、原材料管理、智能制造、质量管控、物流配送、施工控制、交易订单等信息全面数据化、智能化，替代了传统的生产管理模式。项目技术方案已被列为贵州省智能制造试点示范项目和工信部水泥行业基于在线监控的管控集成试点项目，公司被列为工信部两化融合管理体系贯标试点企业，贵州省大数据+工业深度融合试点示范企业。

目前，单体企业 PLC 生产数据采集系统、地磅无人值守系统、安全上料系统、FRID 车辆管理系统、一机双控系统、实验数据匹配及集成控制中心建设等基础工作已完成，砼定制、砼智配、砼智行、砼智泵、砼智巡等 App 初版设计已完成，并在实际生产中进行适应性运行。

黑龙江建龙公司打造高效清洁的生产线

建龙北满特殊钢有限责任公司

一、企业基本情况

建龙北满特殊钢有限责任公司（前身为齐齐哈尔钢厂，以下简称建龙公司），是我国“一五”期间兴建的国家156项重点工程项目中唯一一个特殊钢制造厂。公司以其在新中国特钢行业和国防领域中所占据的举足轻重地位，曾被敬爱的周恩来总理亲切地称为祖国的“掌上明珠”。

2017年10月，北京建龙重工集团有限公司重整北满特钢，成立建龙北满特殊钢有限责任公司。公司现有员工4998人，其中专业技术人员184人。是黑龙江省高品质特殊钢工程技术研究中心、进出口海关适用A类管理单位，具备武器装备科研生产资质，拥有中国合格评定国家认可委员会评定认可的中心实验室。公司已经形成细分市场产品优势，尤其在军工、铁路、高档轴承、辊坯等领域保持市场领先地位。

二、企业技术改造情况

2017年开始，建龙公司以打造高效率、低成本、清洁生产的产线为目标，遵循“先进、适用、可靠、环保、经济、节能”原则，全力打造工艺方案合理，技术装备先进，投资、工期、效益等达到行业先进指标的精品工程。2017年年底及2018年共规划8个重点项目，计划总投资20.5亿元。

一是实施烧结机节能环保升级技术改造项目。烧结过程除尘灰采用封闭管道输送循环使用，同时还综合利用高炉系统除尘灰，体现了建设清洁工厂、节约、环保、经济的新理念。

二是实施循环经济综合利用及废钢加工项目。其中包含钢渣处理和废钢加工两个子项目，以“减量化、再利用、资源化”为原则，以低消耗、低排污、高效率为基本特征，对“大量生产、大量消费、大量废弃”传统增长模式进行根本性变革。

三是实施能源回收利用项目。充分考虑减量化、再利用、资源化的公辅设施配置，将企业建成以低消耗、低排放、高效率为基本特征的社会生产和再生产形式，实现钢铁产业健康可持续发展。

三、取得的成效

建龙公司全部技术改造项目投产后，公司铁、钢、材的生产能力将达到平衡，现有 220 万吨钢的产能将得到充分释放。实现新型节能环冷机余热全部回收用于发电，烧结烟气脱硫、脱销设施同步实施。实现钢渣处理钢渣中金属铁回收率 85%以上，消除钢渣的不稳定因素，尾渣可 100%利用，实现钢渣“零排放”，每年可处理钢渣约 52 万吨。实现污水及固体废弃物的零排放、余能充分利用，实现能源转化、水耗等技术经济指标达到先进水平。降低碳排放，为地区环境保护做贡献。

山东华鲁恒升化工生产装置绿色化升级

山东华鲁恒升化工股份有限公司

一、企业基本情况

山东华鲁恒升化工股份有限公司（以下简称华鲁恒升）是多业联产的新型煤化工企业，2002 年 6 月在上海证券交易所上市。公司专注于主业优化、技术升级和资源利用，扎实推进产业链的延伸拓展和产品的升级换代，打造了洁净煤气化、羰基合成、“一头多线”柔性多联产等多个产业和技术平台。

公司技术力量雄厚，管理基础坚实，形成了具有鲜明特点的成熟管理模式，构建了坚固的战略合作伙伴和稳定的客户关系，具备较强的技术研发、工程设计和生产管理能力。公司拥有 80 多项国家专利，部分成果获得全国、行业和山东省科技进步奖。主要经济指标保持了连年快速增长。2018 年实现销售收入 143.56 亿元，同比增加 37.94%，成为具有较高成长性和投资价值的上市公司。

二、企业技术改造情况

华鲁恒升一直保持主导产品装置规模不掉队，同时不断调整产品结构，淘汰落后产能，实施技术改造和升级，保持成本竞争优势。

一是实施锅炉结构调整项目。建设 480t/h 高效煤粉锅炉，替代分散低效老旧锅炉。新锅炉采用的高效直吹式煤粉锅炉，并将已运行各项新技术全部集成到新建项目中，提高供热效率，降低厂用电消耗。

二是淘汰能耗较高工艺装置及设备。对氨合成装置持续进行三次比较大的技术升级，分别为建设 20 万吨、30 万吨、60 万吨氨合成装置。其中单套 60 万吨氨合成装置 2018 年 5 月份装置投用，该装置采用组合式氨冷器，投资省，系统能耗低，将一级氨冷器、二级氨冷器、一级氨分离器和冷交换器“四合为一”，将重量减为原四台设备总重的一半，运行阻力减小。

三、取得的成效

2017 年，华鲁恒升共实施节能项目 21 个，实现经济效益 6395.5 万元。公司节能降耗技术创新成果累累，公司内部对 2017 年度 66 项创新成果的奖励中，其中节能降耗技术创新成果 45 个，占到了 68.2%。公司能耗大大降低，生产效率持续提升。其中高效煤粉锅炉实际运行效率不低于 91%，供热效率在 86%左右，大大提高了燃煤利用率，降低了燃煤的消耗。60 万吨氨合成装置可减少“温损”25%～30%，减少冷量损耗约 1%～2%。

深圳赢家时尚打造服装个性化定制新型供应链体系

赢家时尚集团

一、企业基本情况

赢家时尚集团，创立于 1994 年，是一家具有独特品牌文化理念、先进研发设计中心、现代化生产基地、健全营销服务系统、高效物流配送和网络管理体系的著名时尚服饰公司。公司在深圳市龙华大浪建有赢家大学及 4 万平方米赢家工业园，在江西赣州建有 20 万平方米现代化“赢家（赣州）制造基地”。

赢家时尚集团在服饰领域，为女性提供高品质、高品位、高感性产品和专业服务。目前，赢家时尚集团拥有八大知名女装品牌，代理了两大韩国品牌。2017 年，赢家时尚集团总体零售市场规模近 60 亿，共有近 1100 家直营店铺，整体市场规模位列全国中高端女装行业前三。

二、企业技术改造情况

该项目通过打造大规模个性化定制订单驱动的新型供应链体系实现升级提升，该体系由个性化定制平台、智能研发平台、智能制造平台和大数据平台四大平台共同组成。

一是个性化定制平台。主要由顾客风格诊断系统、MTM 定制管理平台、量体平台三个系统构成。顾客风格诊断系统实现了基于门店的实际库存数据，快速推出适合该顾客穿衣风格的最佳搭配服装；MTM 定制管理平台用于创建定制订单、支付、定制进度跟进及定制的售后服务管理；量体平台负责管理量体服务单，以及量体数据的记录。三个系统配合，实现了定制业务的售前、售中、售后全套服务的电子化。

二是智能研发平台（简称“CAPP”）。采用了研发数字化技术、工业互联网、物联网技术，产品设计研发产生了质的转变，将原材料进行数字化管理，服装款式纸样部件化设计，工艺路线自动生成，节省大量设计研发及生产制造的产前准备时间和产中流转时间。

三是智能制造平台。主要通过 ERP 系统、APS 系统、WMS 系统、MES 系统、智能吊挂系统、智能分拣系统及其他智能装备共同集成，实现大规模个性化定制产品的自动打版、自动化生产。

四是大数据平台。主要建立五大云端数据库，包括款式数据库、原材料数据库、版型数据库、工艺数据库、顾客数据库。利用销售端的数据采集、BI 商业智能系统的技术应用，对顾客偏好进行挖掘分析，给设计研发提供有效的数据支撑。同时通过数据积累分析进一步提高生产工艺流畅度，最终形成完整的企划、研发设计、生产、销售的一体化闭环，实现个性化定制与小批快反两种类型共存的柔性供应链。

三、取得的成效

赢家智能制造以终端顾客需求为原点和起点，打通顾客个性化需求到制造端的信息流，利用信息系统快速的无缝链接、精准的生产供货，在信息化和工业自动化的驱动下，实现快速柔性生产。通过个性化定制智能制造新模式，品牌方可以销定产，或者先销再产。消费者可以“我的服装我做主”，既满足了消费者的参与感和个性化需求，也丰富了消费体验，提高了满意度。

目前，赢家时尚集团已经实现 4 大品类中裤子品类的个性化定制，于 2017 年 10 月实现了四大平台全流程运作并进行了裤子定制的试产。之后将继续加大投入，最终实现 4 个大类 15 个小类的定制。

后 记

受工业和信息化部委托，由中国国际工程咨询有限公司（简称中咨公司）牵头，联合 11 家国家级行业联合会及协会共同编制了《工业企业技术改造升级投资指南（2019 年版）》（简称《投资指南》）。该《投资指南》编制历经近一年时间，修改数十稿，其间，调动中咨公司各专业部门项目经理及专家团队力量，充分发挥国家级行业联合会及协会专家学者的作用。在此，特别感谢为此付出努力的所有同志！

《投资指南》整体结构设计及编制汇总工作由卢山、高东升、宋志明、包英群、杜广达、高鹏、冯文强、赵若虚、张瀛瀚、赵颖君负责。

《投资指南》电子信息行业、机械行业、汽车行业、船舶行业、民用航空航天行业、钢铁行业、有色金属行业、建材行业、石化与化工行业、医药行业、轻工行业、纺织行业十二个章节的编制，以及解读材料汇编由中咨公司、11 家国家级行业联合会及协会共同负责；工业企业技术改造升级典型案例汇编由中国电子信息产业发展研究院负责。

参编人员如下。

电子信息行业：包英群、张瀛瀚、侯宇、赵颖君、莫华、刘立民、鲍士兼、熊麟、李铁蕾、淳于瀚中、张皓玮、张文博、姜硕、李杰、李芳芳、尹茗、刘巧英。

机械行业：陶黎敏、戴洵、吕琨、李胜博、惠明、邢然、郭华桥、饶涛、金晓剑、马东驰、姚海光、郑朝松、张维新、邢敏。

汽车行业：韩雅娟、陈德林、叶盛基、李邵华、黄韦达、雷浩、吴相昆、梁彬、王天辉、邱志鹏、杜道锋、尚蛟。

船舶行业：陶黎敏、戴洵、丁瑞锋、卢洋、郭大诚、金鹏、陈文波、谢予、张琦 、周国胜、马兴磊。

民用航空航天行业：戴洵、崔鑫蕾。

钢铁行业：赵宏、郝经伟、迟京东、苏伟中、秦松、吕卫、王东海、黄晓蓉、周杰、李煜、张临峰。

有色金属行业：黄建明、尤振平、贾明星、张洪国、张龙、赵武壮、邵朱强、杨鹏、李丹、王怀国、薛瑶、李海涛。

建材行业：张标、陈国庆、潘东晖、朱吉乔、罗宁、周丽玮、李广明、孙星寿、王欣宇、刘新琪、王胜杰。

石化与化工行业：齐景丽、刘文胜、蔡恩明、杨传玮、冯媛媛、李红杰、卜新平。

医药行业：刘新颖、于明德、王学恭、王福清、张红、朱军、余倩、杨杰荣。

轻工行业：孙学成、胡济美、郭永新、付裕武、廖小红、李永智、田岩、康晓斌、边峰、柳嘉、王欣、陈戟。

纺织行业：李琳、高勇、华珊、王加毅、吕佳滨、李雪清、李昱昊、刘添涛、景慎全、刘文全、王玉琦。

典型案例整理编辑：李杨、樊蒙。

限于能力和时限，书中难免有不足之处，敬请广大读者不吝指正。

2020 年 6 月